歸合自然

我 的 同 学 盛 寿 考

杨永善 著

暨南大學出版社
JINAN UNIVERSITY PRESS
中国·广州

图书在版编目（CIP）数据

归合自然：我的同学盛寿考／杨永善著．—广州：暨南大学出版社，2011.12
ISBN 978-7-5668-0055-8

Ⅰ．①归… Ⅱ．①杨… Ⅲ．①盛寿考（1937—1966）—中国画—美术评论 Ⅳ．①J212.052

中国版本图书馆CIP数据核字（2011）第 243705 号

出版发行：暨南大学出版社

地　址：中国广州暨南大学
电　话：总编室（8620）85221601
营销部（8620）85225284　85228291　85228292（邮购）
传　真：（8620）85221583（办公室）　85223774（营销部）
邮　编：510630
网　址：http://www.jnupress.com　http://press.jnu.edu.cn

排　版：李茂宁　玄颖双
印　刷：深圳市新联美术印刷有限公司

开　本：889mm×1194mm　1/20
印　张：10.5
字　数：324千
版　次：2011年12月第1版
印　次：2011年12月第1次

定　价：38.00元

序

滕 纯

我作为哈尔滨第三中学的老校友，读了老校友杨永善撰写的《归合自然——我的同学盛寿考》一书，感慨良多，难以释怀。本书图文并茂，娓娓道来，展现了同学之间、师生之间，以及同学家庭之间的感人故事，质朴的、真诚的、深厚的同学情、师生谊、母校情结、亲子之情，以及对美术教育事业的执著追求，跃然纸上，令人赞叹。

书中所写的人是平凡的，所记的事也是平凡的，但于平凡处闪烁着人生的光辉，在平凡中彰显出博大的情怀。

记得伏尔泰说过："友谊是心灵的结合。"永善与寿考的友情，是纯洁心灵的结交，是善良心灵的交汇。他们的心灵是相通的，是美德的结合。这种友谊才能行之久远，融入生命之中，历久弥坚。永善与寿考行同学之义，将心比心，心心相通，成为兰芝之友，堪称金友玉昆。他们志趣相投，互助互勉，居仁由义，秉持操守，相濡以沫，共克时艰，达到以义养心，涵养美德的精神境界。

有人说，回忆学生时代的友谊，会产生一种魅力。本书的魅力就在于：不仅使人追思始善，而且使人追求至善，亦可谓旨在永善矣。

盛寿考和杨永善都是我的校友，也是我的学生，是母校哈尔滨第三中学把我们联系在一起，在那里我们度过了难忘的时光。

杨永善保存和整理了盛寿考的作品，怀着敬意撰写了关于盛寿考的文章，在这里介绍给更多的朋友。

盛寿考是平凡的，也是优秀的，他热爱和投身教育事业的精神是不朽的。

是为序。

2011年10月

（滕纯系中央教育科学研究所原副所长、研究员，教育科学出版社原社长，中国教育学会教育学研究会顾问）

目　录

序 /1
一、蓦然回首 /1
二、逝去的春天 /12
三、单纯真诚的相处 /24
四、他志愿做美术教师 /34
五、选择也是一种智慧 /42
六、他也曾茫然过 /48
七、在困顿中适应环境 /54
八、寻找精神家园 /59
九、随遇而安中求索 /78
十、全心致力于美术教育 /97
十一、苦行力学的精神 /104
十二、诗意地表现自然 /130
十三、内心丰富的色彩世界 /150
十四、书法篆刻研习的见解 /170
十五、通过笔记的学习和感悟 /180
十六、曾经的遗憾 /188
十七、留给亲人和朋友们的怀念 /192
十八、活在母亲的心中 /201
跋 /205

一、蓦然回首

这本书中所介绍的盛寿考（见图1-1），是我中学时的一位同学。

他很不幸，英年早逝，只活了29岁，便结束了短暂的人生，过早地离开了这个世界。

他去世已经45年了，但对于我却是终生无法忘却的。

当我进入古稀之年，往事在平静中开始返璞归真的时候，他是那么清晰地站在我的眼前。

他是一位称职的中学美术教师。

他没有进过师范院校读书，也没有到过美术院校进修。高中毕业之后，他以良好的文化修养和坚实的美术基础，通过推荐和试讲，获得担任初中美术教师工作的资格。

十年任教生涯里，他一面教书，一面自学，刻苦实践，不断探索，坚持不懈地在美术教育的园地里劳作着，从不满足于已有的进步。

他在美术教学方面，可以说是敬业、执著、尽力的。他常说：“做一名称职的教师是很不容易的。”他的这句话，内涵丰富，寓意深远。

他是一位有责任心的教师，他把“称职”二字看得非常重。

他既没有突出的业绩，又没有杰出的创作，他淡泊名利、平实内省，遵循着良心的准绳认真教学，凭借着对美术热爱的情感对待自己所从事的职业。

他以真诚和质朴的态度对待艺术劳动，在艰苦的条件下坚持不断地学习，乐观地对待困难和挫折，笃诚地工作。

我和他是在1954年相识的，当时为了交流和促进学习，经常互相交换各自的绘画习作。因为我喜欢他的作品，所以很珍惜，多年来保存着他的许多绘画和篆刻习作。他去世之后，我又收集到一部分他送给亲人、

图1-1　盛寿考在松花江畔　1966年初夏

朋友和学生的习作，经过整理和装裱，集中起来。许多朋友看过之后，认为这些作品独具特点、值得一看。

我觉得有必要让更多的人了解这位普通中学美术教师的心路历程。他因贫困而未能进入高等美术院校接受专业教育，但通过刻苦自学来弥补；他在生活条件艰苦的农村中学，克服多方面的困难，坚持美术课的教学。我敬佩他为人为学的品质和风范。我想，他的经历和他留下的习作，对于那些正面对困难但不放弃，正在刻苦自学和勤勉工作的青年，也许会有一定的教益，所以记述了他的这段生活，选编了他的习作，结集出版，也是对故人的纪念。

本书中的习作，虽然只是他遗留下来的一小部分，但还是可以从中看到他坚忍不拔的毅力，反映了他的情感世界和艺术追求。

特别是在那个年代，能默默无闻地坚持这样画画的人并不多。

在离开这个世界之前，他的画没有参加过展览，也没有发表过。他极少保存自己的画作，大多都送给了朋友、同事和学生。因而在他的遗物中只有构思的草稿，找不到几张完成的画，所以收集和整理他的画很困难。

本书中选印的习作，主要是从1955年到1965年他的画与印，其中大部分是他在三年经济困难时期完成的。

艺术是他的生命。在那饥馑的年月里，面对着各种困难，他没有惶惑，始终保持着良好的心态和乐观的情绪，在教师的岗位上恪守职责，孜孜不倦地坚持绘画、书法、篆刻的研习和教学。

天道酬勤，他在艺术学习上是勤奋的、肯下苦功的，不仅实践，还有冷静的思考。因而，他的进步是显著的，逐渐形成了自己的风格特点。

关于他的许多事情，在别人看来也许是很平常的，但对于我来说却是无法忘记的。因为他的事业心和对生活的态度，都曾经启发过我，感动过我，也激励过我，如果真的想忘记，除非远离这个世界而去。他对我真诚的关怀和无私的帮助，朴实无华，温暖知心，鼓舞我去生活、去工作、去学习。

我想，到任何时候，人间都需要珍惜这种感情。

虽然斯人已逝，但这种情感将伴随我的终生，永不释怀。

在人生漫长的道路上，特别是在我的青少年时期，也是成长的最重要时期，受到的影响是来自多方面的，除去父母之外，印象最深的还有老师、同学和朋友。这种影响既有直接作用的，也有潜移默化的，很自然地渗透到思想和行为之中，而且能够留下长远的记忆，丰富我的思想意识。

从他们的言传身教之中，我逐步认识生活；从他们立身行事的实践活动中，我的思想得以启发。可以说没有他们，也就没有今天的我；没有他们的关怀和鼓励，也许我在困境中会因止步退缩而虚度年华。

人老了，怀旧总是很自然的，怀念年轻时与老师、同学和朋友之间的情谊，感到格外温馨和亲切。我很珍惜记忆中许多平凡而亲切的人与事，感到其中不仅有一种无私的关怀，而且有一种无言的激励。他们在冥冥之中永远凝视着我，关注着我，鞭策我认真负责地生活，尽心尽力地工作，成为一个有用的人。我常常想，不能辜负他们的情谊，因为在我身上还寄托着他们的关切和希望。

我经常会很自然地想起过去所遇到的和交往过的朴实而善良的人们，在我困难的时候，他们给予我帮助和支持；在我彷徨时，他们给予我指教和引导；在生活中和学习上，他们用行动影响我。在这些人之中，最使我难忘的是盛寿考这位同学。他是我在高中读书时期认识和结交的同学和朋友。

图1-2　盛寿考22岁时　1959年

他是我的学长，也是我终生难以忘怀的良师和益友。（见图1-2）

当我感觉记忆力开始要衰退的时候，我必须抓紧时间赶快提笔把它写出来，尽管语言絮叨、散乱，还有重复、颠倒，甚至词不达意，但往日的回忆是真切的，特别是那些令人难忘的事，一直是魂牵梦萦，环绕在我的心中。于是，我就信马由缰地开始写，想到哪里，就写到哪里，感慨系之。

盛寿考是1937年4月13日（农历三月初三）出生的，原籍山东省莱州市（1988年之前称为掖县）西由东南村。他成长在一个贫苦的农民家庭，为生活所迫，1942年，在他5岁的时候，他随父母到哈尔滨市谋生。他的父亲在油坊做工，1954年油坊倒闭，父亲失业后与母亲带着弟弟和妹妹回到山东老家务农。

1953年，盛寿考考入哈尔滨市第三中学（当时称为第二中学），开始读高中一年级，升入高中二年级的时候，全家迁回山东老家，他因不愿中断学业，于是自己一个人留在哈尔滨市读书，过早地开始了独立的求学生活。

1956年7月高中毕业后，盛寿考开始担任初中美术教师工作，直到逝世。

1966年7月21日早晨，盛寿考在他任教的三十一中学附近的水塘中洗澡，因水凉导致腿部抽筋，不慎溺水身亡。（见图1-3）

那片水塘，是他课余休息时，喜欢散步的去处，也是他在画中曾经多次描绘过的地方。(见图1-4)

盛寿考在29岁时，悄然地离开了这个世界。

我接到家里来的电报后，从北京匆匆赶回去，在哈尔滨市第一医院的太平间，见到了盛寿考最后一面。

盛寿考的去世使我感到痛心疾首，如同失去亲兄弟一般。他是我心目中敬重的人，人的一生中，很难能交上几个像他这样坦诚相待、志趣相投的朋友。

图1-3　盛寿考和学生在水塘边　1964年

在回到北京的那段日子里，他的音容笑貌总在我的眼前浮现。这是我有生以来

图1-4 学校附近的水塘（水彩画） 13.2cm×18.1cm 1961年

第一次经历亲人朋友逝世后的悲伤，很长时间都无法解脱。

在他逝世一周年的日子里，我去山东莱州看望他的父母。在临近大海的一个偏僻农村的老屋里，坐在油灯下听两位老人叙述盛寿考的过去。

盛寿考是家里的长子，从小在困难的环境中长大，艰辛的生活使他的思想过早地成熟，很小就懂得孝敬父母，知道家中的困境，体贴和理解老人的艰辛。对于简陋的生活条件没有任何怨言，觉得老人维持一个大家庭的生活很不容易。他过早地形成了忧患意识，分担着父母的精神压力。

两位老人还谈起盛寿考从童年时代便开始喜欢画画，并且对画画爱得入迷的往事。因为家里穷，买不起纸，所以他在地上画，在墙上画，在很难得到的废纸的背面画，画他看到的东西，画他想到的东西，画得尽情的时候，脸上露出愉快的笑容。

在盛寿考家里的十几天，我的心情一直很沉重。虽然人已经离去一年了，但他的父母仍然沉浸在痛苦的

图1-5　老家院子中的一角（水彩画）　27cm×19cm　1959年

图1-6　心中的家园（中国画）　22.2cm×32.3cm　1960年

回忆之中，特别是我的到来，又引发了他们对往事的追忆。盛寿考父亲忧郁的目光和母亲伤感的眼泪，使我眼前又闪现出盛寿考那淳朴的形象，还有他的那些作品留给我的直觉印象。（见图1-5、1-6）

深夜，海风吹打着窗户纸飒飒作响，我躺在盛寿考当年出生的草屋土炕上，久久不能入眠。从那时候开始，我萌生了一种想法，希望有一天能够把他平凡而短暂的人生写出来，和他的画作编在一起出版，让更多的人看到他的作品，知道曾经有这么一个默默无闻的青年人，他如何诚实地对待自己所热爱的艺术。他在广袤的土地上辛勤耕耘，虽然并未取得丰硕的收获，但他那厚重沉实的情感是十分可贵的，他的品德是高尚的。

1979年7月，我的老同学张秋萤到北京出差。他是黑龙江省美术家协会的美术理论研究的学者，因为都是哈尔滨第三中学的校友，所以他对盛寿考也比较熟悉，到我家来时，谈到盛寿考，也为其英年早逝感到惋惜。

我把保存的盛寿考所有的画作和资料都拿给张秋萤看了，他也为之动容。回到哈尔滨之后，他于1979年8月6日给我写了一封信。读过这封信之后，我更加坚定了要写盛寿考故事的决心，因为盛寿考虽然只是一位农村中学的美术教师，但他热爱自己的职业，在基础教育的岗位上，有所追求，并为之不停息地劳作，在为人和治学的许多方面，都有后世学子值得学习之处。

我一直保存着张秋萤的这封信，因为他在鼓励着我，也在督促着我。有时看了盛寿考的画，再找出这封信看看，我深知应该义不容辞地把这件事情圆满完成。

张秋萤的信是这样写的："说到这里我想到了寿考，他大概也是因为在维娜神那里索取得太多，而被过早招回了。两天来我的脑海里总是闪动着寿考作品的直觉性的印象和色彩，他的东西化净得太厉害、太空灵了，这些东西都是些美妙的谜，我不知道他怎么会那么构思，怎么会产生那样的彩色感觉。我看了他的作品感情很抑郁，自然主要还不是缅怀这个天才的夭折，而是他的作品深沉得使你透不过气来。你干了一件很有意义的事。你对寿考作品整理得那么认真，对它们是那么珍重。这么多年了，世事已几经反复，而你却始终不移。你的情感和人格的高尚，使我非常震动。永善，一个人，是个人，是件实在不容易的事。"

尽管盛寿考已逝世四十多年了，但当年的老同学们在相会的时候，常常会提到他、想念他。同学们都很钦佩他的为人，特别是他对基础美术教育工作的执著，在艰难困苦中对生活的热爱。他对待人生的态度是那样平和而自然，认真负责却又随遇而安，积极努力却又从不勉为其难。至于他所热爱的美术，已成为他生活中不可或缺的内容，是他每天要完成的"闲课"，完全自然地融入他的生命之中。

盛寿考与人相处的态度是友好而诚恳的，尊重他人，善解人意，乐于助人。对待同学和朋友在生活中所遇到的问题或困难，总是平心静气地帮助化解和克服，从来没有豪言壮语，而是冷静地提出意见供人参考，如细雨润物，决不强加于人。

我很希望让更多的人知道：曾经有这样一个平凡的人，他是怎样对待理想的。当他把一颗赤诚的心奉献给所从事的美术教育事业，尽管他面临重重困难，却没有退缩，更没有放弃，而是全身心地致力于学业和工作，在勤奋中进步，在磨炼中提高。同事们对他的评价也很准确到位："他尽力了，很不容易！"

此外，他还留下部分绘画习作的手稿，从这些手稿中可看到他在学习过程中所留下的脚踏实地的印迹，也是值得回顾的，可以引发人们的深思。

我永远不会忘记，在成长的过程中，他对我的关怀和帮助，在困惑的时候，他给我的点拨和建议。他教我在学习中，一定要寻求适合自身特点的学习方法，要培养独立思考和判断的能力，这些都是在学习中长久起主导作用的理念。

中国传统道德中常讲"知恩图报"，我却无以报答。他过早地远行，离开了这个世界，我只能回望以往他走过的路上留下的足迹。怀念他的时候，打开记忆的窗子，重温往日逝去的光阴中，一件件值得记取的事情。

最近，在诸事纷扰之中静下心来，翻开他遗留的旧时画作，睹物思人，循着时序和心路的小径，想到哪里，就写到哪里，零乱而不成章节，当然更谈不上体例了。这正如荡一叶小舟，随波逐流，伴着记忆和思绪的起伏，任其漂泊。所写的无非都是一些青少年时代的往事，呈献给满头华发的同学、朋友和亲人们；更主要的是献给那些有兴趣阅读这本书的并不相识的青年人。（见图1－7）

希望通过这些平常的事，读者能够了解过去那个年代的同学和朋友之间存在过的真情和友谊，同时也认识这位淡泊名利的年轻的农村美术教师，他的优良品质和直面生活的态度，也许会对我们有所启发和教益。

人们常说伟大的人物不仅可以影响一个人的一生，而且可以影响更多人，甚至在历史上发挥长久的作

图1-7　荡舟松花江上（水彩画）　16.8cm×20.8cm　1959年

用。而一个平凡、正直的人，同样可以影响他周围的人，虽然范围没有那么大，人数没有那么多，时间没有那么久远，但是这种切近、直接、亲和、自然，也是不应忽略的。

盛寿考是一个极其平凡的人，这里记叙的也都是他在学习和生活中的“凡人小事”。他的经历不同于那些成就卓著者可以昭示人生，那么令人神往。他实在很平凡，也就容易和普通人贴近。他的人生道路和奋斗的精神，对于普通的人，也许能起到一定的激励作用。正因如此，我愿意向读者介绍他，因为他是一个真实而自然的人，一个朴素而平和的人，一个可以诚恳相处的人。盛寿考认定的是一个普通人纯正的价值取向，热衷的却是艺术教育的人生情怀。

盛寿考为人为学的品质，待人处事的态度，与他父母对他的影响分不开，与学校老师对他的教育分不开，也与他的读书，以及对“以德修身”的传统道德的学习分不开。他总是怀着一颗善良的心去对待他人，

图1-8 三十一中学的一角(水彩画) 35cm×26.8cm 1962年

他觉得这是做人的本分。所以遇事处世，或淡然处之，或欣然为之。我想，他的道德修养即使在当今浮躁盛行的社会环境中，也会引发人们的沉思和赞许，并从中得到有益的启迪。

善良、诚实、勤奋对于无论从事任何工作的人，都应该是人类良知的体现，更是一种美德。

为了写这些回忆的文字，2009年10月我又一次回到哈尔滨，重访母校第三中学；并渡过松花江，到盛寿考工作过的三十一中学寻访旧迹，试图追念和唤回往昔更直观和亲切的感觉和印象。

母校依然庄严辉煌，耸立在霁虹桥前，楼宇和校园依旧，但老师都是新人了。他们很客气地接待了我这个老校友，打听到我们当年的老师，有的已经退休二十多年了，也有的已经故去了，这种物是人非的情景令人凄然。听说在郊区建起了现代化的新校园，我没有去看，因为在我的心目中，这里才是我和盛寿考的母校。

来到江北三十一中学的门前时，我感到愕然，这里已不再是农村，不是我记忆中盛寿考工作过的地方，我记忆中的一切原本不是这样。听说最早盛寿考在建校时参加建设的平房教室，在1993年被大火烧毁了；作为学校最初基础构成部分的大庙，因年久失修，也早已坍塌殆尽了。（见图1-8）

盛寿考溺水身亡的那个大水塘早已不复存在，这里已经填平，后来盖起了许多平房。

在原校址的西边，建起了一幢高楼，这就是新的三十一中学。我在校园和教学楼中茫然四顾，漫无目的

图1-9　暮霭中的望火楼（水彩画）　19.1cm×26cm　1960年

地走着，眼前的一切完全是生疏的。我和现在的老师们谈起盛寿考，他们都不知道这里曾经有过一位从开始参加建校，一直在这所学校从事教学工作，直至1966年在这里去世的教师。除了退休的老教师和职工，在这所新的学校里，没有人知道这里曾经有过一位名叫盛寿考的老师。

我感到很怅惘，信步来到松花江边，看江阔云低，秋风萧瑟，心里觉得凄清伤感。我有一种无法言说的感慨，时间确实是这样无情，过去的就永远过去了，遗憾的是连一点旧迹都没留下；世情就是如此淡薄，剩下的也只有断续的回忆，还有盛寿考留下的已经褪了颜色的图画。（见图1-9）

时值深秋，遥望松花江上飘移的云层和东逝的江水，触景生情，回想起已经远去的青少年时代，如同梦境般，恍若隔世，真希望能在梦中唤回那永远值得珍惜的往日的记忆。

二、逝去的春天

1954年的秋天，我考入了哈尔滨市第三中学（当时称为第二中学）的高中部，新的学习生活开始的时候，在学校课外活动美术小组，我认识了比我高一年级的新朋友盛寿考同学。

这所学校是黑龙江省的重点中学，也是许多中学生和家长心仪的一所中学。在未考入之前就听人说，这所学校的校长好、老师好、同学好，更重要的是学校的风气好，这是一所提倡全面发展的中学。

图2-1　哈尔滨市第三中学　2003年

我永远不会忘记步入这所学校时，最初那种愉悦的感觉和欢畅的心情，五十多年了，记忆犹新，还那么清晰地留在脑海中，像昨天发生的一样。

开学的第一天，秋高气爽，风和日丽。走过霁虹桥，我的学校就在眼前，蓝天白云之下，衬托着学校大楼的绿瓦顶、红柱子和米黄色的墙面，中国古典宫殿形式的建筑，显得格外雄伟典雅。（见图2-1）

走进教学楼，看到玻璃窗如水晶般明亮，地板洁净无尘，课桌排列整齐，整体环境温馨而庄重。最使我难忘的是老师们和同学们友好而自然的笑容。

为迎接新生入学，学校正举办“美

术小组暑期习作展”。作品是暑假里老师带领课外活动美术小组的同学在市里和郊区画的水彩风景写生习作。通过展览欢迎和吸引新同学参加美术小组的活动。

这个展览给我留下的印象极为深刻，我还是第一次看到这么多幅描绘哈尔滨景色的水彩画。绘画的题材丰富，有绿荫中的俄式小屋，有色彩绚丽的街心花坛，有江畔公园独具特色的景观，还有松花江北岸那水草青青的大地。

画展的作品风格清新，许多习作已经初步形成自己的特点，画出了清澈、明净的韵味，很是吸引人。我从心里油然而生的是一种羡慕，一个人能把对美好景物的感受描绘出来，这是一件很有意义的事情，也是一种很好的享受。

我很喜欢水彩画，但在初中时一直没有学会，因为我掌握不了颜色和水分的运用，画面脏而枯燥无味。看着同学们的画，我在想，这肯定是老师教得好，于是我决定参加这个美术小组去学画。

我加入美术小组之后，才知道在这个展览中，画得最好的几幅习作，大部分是盛寿考画的。

说起事物发展的因果关系，有一定的偶然性，但似乎还有一种潜在的规律，有时是从一件小事开始的，而这件小事甚至影响一个人的一生。

也就是因为这个课外活动美术小组的展览，在我进入这所中学的同时，吸引我加入了课外美术小组的活动。正因为加入这个美术小组，在曾耀宗老师和盛寿考同学的指导和帮助下，我进行了比较好的美术基础训练，所以在我高中毕业时，才能够考入中央工艺美术学院，决定了我一生从事的职业。

我感谢曾耀宗老师，也感谢盛寿考同学，更感谢我的母校。

我们的母校哈尔滨第三中学，有着良好的校风与和谐的师生关系，在这里老师不仅指导我们学习课本上的知识，而且还教给我们如何做人，如何独立学习的方法，培养我们的学习能力和习惯，使我们终身受益。

在那时，生活虽然比较清苦，但我们精神上很充实，心里感到幸福。在人生成长的最重要时期，我们在最好的学校，有优秀的老师，为我们打下了良好的文化基础，也培养和发展了我们的兴趣爱好。特别重要的是在基础教育阶段里，这所学校注重养成学生的刻苦朴素、认真踏实的学风。

当我进入古稀之年，回顾这段经历的时候，可以肯定地说，当年在这所学校里，我们接受的是最具人性化的素质教育，它为我们树立了正确的人生观，教会我们如何去学习，培养最初研究问题的兴趣和能力，为长远的发展奠定了稳固的基础，使我们终生受益。

我很珍惜母校良好的人际关系，在这里读书三年，相识又相知的老师和同学，成为终生的朋友，无论天涯海角，世路如何坎坷，都各不相忘，相互扶持，在人生的道路上长途跋涉。还记得，在我们教室里，黑板上面的墙上贴着“团结、互助，刻苦、进取”。这八个大字的精神，多年来一直伴随着我们前行，坚持贯彻始终。

哈尔滨三中的基础教育有着优秀的传统。在这里不仅文化课教学一直是高质量的，而且还重视学生的个性发展，同时提倡学生的全面发展，体育、文娱和美术等课外活动开展得很活跃，成绩也很优秀。

这所学校主要以培养报考理工类大学的学生为主，其次才是文史类。当时的学习，并没有分文理科，也没有开设特长班的做法，而是提倡普遍学好文理各门课程，但同时又给有特长的学生以支持和帮助，为他们

图2-2 曾耀宗老师（1920—2008） 1996年

创造条件，使他们的理想也能够得以实现，为国家培养出多学科的优秀人才。

对于培养学生，用一个不一定恰当的比喻，就是说像孵小鸡似的，那么在孵小鸡时，偶尔会孵出个把小鸭子来，在这所学校里也一样倍加爱护和培育。我们不能不感谢母校“兼容并包”的教育思想，母亲般的宽大胸怀。

盛寿考和我，都是属于丑小鸭型的学生。

五十年代的高中虽然没有美术课，但在我们学校建立的课外活动美术小组却很受同学们的欢迎，由初中教美术课的曾耀宗老师负责组织和指导，许多高中同学也参加美术组的活动，而且成为主要成员。

哈尔滨三中的美术小组，从五十年代初成立，除了在“文革”中停止活动外，一直坚持不断，长盛不衰。美术小组前后培养出许多名学生，他们在高中毕业后，考取美术院校以及其他高等院校与美术有关的专业，其中不乏学成之后在各自专业领域里，做出突出成绩的优秀者。

曾老师是我们尊敬的老师，她对学生们永远充满热情，她在美术才能方面的表现，学生们都是十分钦佩的。她曾于1936—1941年在东京日本女子美术专科学校（后称东京日本女子美术大学）留学，攻读美术教育专业。她的素描、水彩、油画都画得很好，还能熟练地写一手漂亮的美术字。她为人善良仗义、热情豪爽、心直口快，是一个有责任心的美术教育家。她热爱自己所从事的美术教师职业，并为此而感到自豪。曾老师的教育思想和敬业精神影响着同学们，尤其对盛寿考的影响是十分深远的。（见图2-2）

曾耀宗老师把一生都献给了美术教育事业，她在学校和省教育系统都是备受尊敬的优秀教师。为了弘扬她的教育思想和敬业精神，展示她几十年来取得的教学成果，哈尔滨第三中学于1998年8月，在学校的图书馆举办了“曾耀宗美术教学执教五十周年师生作品展”。

在这个展览的筹备期间，曾老师托我在北京请中央工艺美术学院的老院长张仃先生为展览题写横幅会标。张仃先生已故的夫人陈布文老师曾是曾耀宗老师的同事，1946年之后曾经在哈尔滨三中语文教研组执教过，1949年随张仃先生到北京。张仃先生还记得曾耀宗老师，很高兴地用篆字题写了会标。

展览会开幕那天，前后几十年不同时期美术组的同学都回来了。回到母校参加展览的学生中，有年届六十的老学生，也有刚刚考取美术院校的高三毕业生，大家都是曾老师的学生，无论老少都是同学。回到母校，回到老师的身边，不只是为了参加展览，向母校和老师汇报，更重要的是回来拜会老师，看看久别了的母校。

图2-3　献给曾老师的鲜花（水彩画）　43.8cm×31.6cm　1962年

我带上几件近年设计制作的陶艺作品，同时还在盛寿考当年送给我的画中，选了六幅尺寸比较大的画，也带回来参加展览，其中有四幅水彩画、两幅国画，挂在学生作品最显著的位置。老同学们都为他的作品能参加展览而感慨，因为他已经过世三十二年了，这是出乎老同学们意料之外的。

盛寿考参展的最大一幅作品是水彩花卉写生，我替他给这幅作品题名为“献给曾老师的鲜花”，我想寿考在天之灵一定会同意我这样做的。他画水彩花卉，吸收了曾老师的一些表现方法，色调处理又形成自己的特点。曾老师很满意他的学习方法和探索精神，夸奖盛寿考是“学我不像我，有的习作画得比我好”。（见图2-3）

还有一幅是水彩风景画，题名为“记忆中的老山头”，这是他根据当年读高中时，曾老师带我们去老山头写生的旧稿，在1963年整理加工而成的。他送给我这幅画的时候，特别向我介绍了他画这幅画的想法。他的构思是想用画记下过去岁月中值得回忆的情景，最初的写生画稿并不很满意，于是想起初中时候，学校组织去野游时的感觉，所以吸收儿童画的特点加以表现，希望能在画中看到童心的流露。（见图2-4）

图2-4　记忆中的老山头（水彩画）　24cm×34cm　1962年

另外一幅题名为“松花江北初春”的水彩风景画，是反映他所在学校附近的风光。冰雪开始消融，树木和野草正在苏醒，在尚未完全溶化的积雪里，已透露出春天的气息。这幅作品的画面色彩单纯，格调明净空灵，是一幅描写北方初春难得的习作，在展览会上得到同学们的好评。（见图2-5）

他画的这幅《玻璃容器中的小鱼》是很有意思的，给我看的时候问我画中有几条小鱼，我看来看去认为是六条，他说差不多，到底有几条，他也没告诉我。但是他说画这种壁面呈平板状的“鱼缸”，鱼在玻璃壁面上还有影像，画起来很有趣，能锻炼人的观察能力，希望我也试着画一张，说是会有心得的。（见图2-6）

我选的其中两幅国画，都是他比较常画的金鱼题材，因为曾老师喜欢他画的金鱼。其中一幅《荷塘风光》表现技法比较别致，用极淡的墨色先画出荷花和荷叶的大形，再用平涂的方法染色，然后用浓墨勾画出轮廓线，淡墨稍加渲染，突出了金鱼与荷花，构成的画面效果明快而别有韵味。（见图2-7）

图2-5 松花江北初春（水彩画） 23.8cm×34.2cm 1963年

图2-6　玻璃容器中的小鱼（水彩画）　34.3cm×25.8cm　1962年

图2-7　荷塘风光（中国画）　24cm×30cm　1963年

盛寿考画的这幅《游向何处去》的水墨画，是用化学实验室中用的过滤纸画的，笔墨效果很特殊。整幅画绝大部分运用墨色的浓淡进行表现，金鱼用淡墨勾出形体的轮廓，只在头顶部分用胭脂红点染，辅以淡淡的黄花，重点突出，特色鲜明。他的画注重营造意境，给人以舒展空阔的感受，这一构图他用不同的表现方法画过多幅，这幅画最能够代表他在1962年前后的绘画风格特点。（见图2-8）

曾耀宗老师反复看着盛寿考的几幅画，长时间沉默着，熟悉的画面和她最欣赏的风格，把她带回到过去在美术小组的时空中，大家在一起画画的日子里。

当我问起曾老师过去是否见过这几幅画时，她答非所问，指着盛寿考的画动情地说："这是我最喜欢的学生，可惜他走得太早了，不然他会画得更好，还会教出许多优秀的学生来。他不只是我的好学生，也是一

图2-8 游向何处去(中国画) 57.5cm×29.8cm 1962年

位优秀的中学美术教师。”

曾老师越说越激动，盛寿考的画又唤起了她对往日的回忆，哽咽着跟我说：“永善，我真想寿考，他为人仁义、忠厚，懂事理，又知道用功。他家境贫寒，读书和学画都不容易。苦孩子成熟得早，虽然他没有上大学，但他是咱们美术组最优秀的一员。‘文革’中我挨批斗时都没掉过眼泪，今天不知为什么流泪了，别笑话我，这是高兴，也是伤感。我是老了，一想起寿考我真想痛哭一场。”

曾耀宗老师热爱自己所从事的工作，她认为做一名美术教师，和一名画家相比较，对于国家来说，同样重要。她认为美术教育家甚至比一位画家还重要，比如徐悲鸿先生是伟大的，他在美术教育领域所作的贡献是杰出的，他为国家培养了一代美术人才，影响是深远的。徐悲鸿先生又是一位优秀的画家，为中国的油画和国画发展，都作出了重要贡献。她特别强调，徐悲鸿先生是一位德高望重的艺术教育家，要我们学习他的精神。

曾耀宗老师对待教育事业的执著和忠诚，潜移默化地在盛寿考的思想中产生作用，使他认识到美术教育的意义，在高中毕业之前，他毅然地选择当一名美术教师，并作为自己的终身职业，在后来的困难和挫折中，他从未动摇过。

五十多年过去了，我还总忘不了曾老师留给我的最初印象。入学的第一天放学后，我到美术组去报名。因为刚到这所学校，第一次见到曾耀宗老师，还有点拘束。她个子虽然比较矮，但精神饱满，不知为什么叫人感觉还有点厉害。

我进到美术教室，见到曾老师之后脱帽敬礼。那时候给老师鞠躬的度数比较深，待我直起腰来，看到曾老师仰着脸笑着说："来了个大个子，是报名参加美术组吗？"我回答："是。"她问我："过去画过画吗？"我回答："画过。"她又问："是怎么学画的？"我实在不知道如何回答，慌乱之中冒出了两字："瞎画。"她当时笑了，然后很严肃又很友好地对我说："以后不许瞎画了，要严格认真地跟我学画。美术小组每星期六下午活动，你找那位盛寿考同学，去把名字和班级登记在名册上吧。"

我就这样参加了课外活动美术小组，认识了曾耀宗老师，开始接触盛寿考同学。在曾老师的指导下，比较正规地学习画素描和画水彩。

曾耀宗老师是学校唯一的美术老师，她一个人不仅要担任全校初中的美术课，而且还要在课外时间组织美术小组活动，几乎每个周末下午或星期日她都临场指导。另外，在寒假要组织美术小组的同学画静物、画石膏像；暑假还组织去远郊区和太阳岛画风景。这些活动对美术小组的同学很有吸引力。

曾耀宗老师对自己所从事的职业是真诚和热爱的，她带领学生写生，既是教学示范，又是艺术实践。她给人的感觉总是精力充沛，不怕辛劳，充满着乐观的情绪，她的这种精神一直影响着同学们。

我们美术小组的同学，都很愿意在暑假跟随曾老师出外写生，特别是到比较远的郊区，更是十分高兴。那时年纪小，贪玩的心还比较重，愿意到离市区远的地方去看看，感觉很新鲜。当然最主要的目的还是想观摩曾老师作画的过程，总认为只看到完成了的作品不解决问题，重要的是希望知道绘画的过程，知道画是怎样画成的，总觉得奥秘都在过程之中。

我参加美术小组活动不久，盛寿考看我身强体壮，在组里劳动从不惜力气，也愿意帮人忙，就向曾老师建议也带我一起去写生。他给我安排了任务，帮曾老师背油画箱，他帮曾老师提画架和画凳。曾老师只背书包，行动就轻松和方便多了。我在初中暑假时就在工地上干重活锻炼过，出这点力气真是不值一提的，为了看老师作画的全过程，能帮老师做点事情，心里特别高兴。

我们随曾老师外出写生，一般是三四个人，都是高中学生。曾老师不但给我们买汽车票，中午还请我们吃午饭，给每人买一个塞伊克（俄式小面包）、一根红肠、一瓶汽水，这在当时对我和盛寿考来说，那是改善生活了。

盛寿考看我挺高兴，悄悄地提醒我，别光知道出力气和吃香肠，要多动脑子，不仅要画好自己的画，还要注意曾老师是怎样取景，怎样组织构图的，怎样把握一张画的色调。他还告诉我，曾老师虽然画的是油画，但在构图与色彩方面与画国画、水彩画是相通的，要学会思考。说老实话，那时候我还不知道画画还要懂得把握色调，只是简单地照着对象的固有颜色画。

外出写生活动收获比较大，基本上每次出去都是一整天，总能画一幅比较完整的水彩习作，较之以前画的水彩画有显著进步，这样的机会和这样的气氛是很难得的，心里总是很愉快的。曾老师不但自己在画，还不时地看看我们画的情况，随时给以指导。她知道大家都很珍惜外出写生的机会，看到每个人都有所进步，她很满意，跟同学们开玩笑说："每次都要这么画，不许松劲，谁要是不认真画，我就罚他不准出来，关在画室里画石膏几何形体。"

我们几个人都对画石膏几何形体兴趣不大，但是素描训练的一开始，又必须完成这一作业，这是曾老师安排的，达不到要求就不能进行下面的作业。我们总感觉这种作业训练很枯燥，不想画，觉得不像美术，倒是有点像立体几何。

我画石膏几何形体作业，还是在盛寿考的帮助下完成的。那是我刚进美术小组的时候，曾老师给我安排了这个作业，讲解了要求和应该注意的问题，还给我看了过去的同学画的作业，供我参考。我坐在画架前，实在是提不起精神来画这组球体、椎体和立方体的组合，感觉很没意思。

盛寿考看到我这种情绪，便站到我的画架前，很耐心地对我说，画石膏几何形体不是为了好玩和好看，是为了训练眼睛观察和掌握形体的能力，在画的过程中，学会从整体到局部之间进行比较，认识形体各部位之间的比例关系，准确地把握对象的特征，进一步还要表现形体的空间关系和立体效果。

他讲得很认真，我听得也很虚心，他还联系到自己也曾被画石膏几何形体困扰过，当认识到对以后学习的作用和重要性时，就会很自觉地完成好这一作业，千万不可只从兴趣出发。最后他还吓唬我说，如果画得不认真，达不到基本要求的话，就别想画石膏头像，更不能画水彩，而且曾老师还要“修理”人的。

我听了他的话，觉得有一定道理，心自然也就静下来，开始专心画下去。在进行的中间过程，他还扼要地辅导过几次，基本是首先鼓励和肯定，然后指出存在的问题和改进的方法，挺像回事儿的。对于他的意见，我从心里感到很容易接受。我想，这位老兄真不愧是曾老师的学生，也是个当老师的人才。

回忆起少年时光，总离不开哈尔滨第三中学的美术小组，在这里不但有描绘过的画面，还有在画画之余的读书交流，更有那难以忘怀的歌声，精神生活还是很丰富的，这里有我们生命的春天。

曾老师性格开朗，她以美术教学为职业，同时还热爱着音乐，她作画顺利并取得好的效果时，会情不自禁地唱起歌来。那时候她经常唱的主要是苏联歌曲，她会唱很多首，记得有《红梅花开》、《小路》、《纺织姑娘》和《田野静悄悄》。她还喜欢李兆麟将军的《露营之歌》，还有当时的新歌《远航归来》，以及流行的新疆民歌等。她唱歌的特点是很投入、很尽情，放声歌唱，一唱起来就好像年轻了许多。

盛寿考也很喜欢音乐，他会唱很多首歌，但我平时听他唱的歌曲多是伤感惆怅的，欢快的比较少。他经常轻声哼唱的歌曲，有李叔同的《送别》和爱尔兰的《夏天最后一朵玫瑰》，还有古巴的《鸽子》、南斯拉夫的《深深的海洋》和印尼的《梭罗河》等。他的特点是低吟浅唱，听起来很有韵味，只是调子太低沉，有一种苍凉之感，我总觉得和他的年龄不相称。

但是，他唱的歌也并不完全低沉，在他高中毕业之前，经过试讲考核，通过中学美术教师资格审批之后。我陪他在松花江边散步的时候，他不由自主地轻声唱出了欢快、明朗、充满朝气的歌:

朝霞里牧童在吹小笛，
露珠儿洒满了青草地。
我跟着朝霞一块起来，
赶着那小牛儿上牧场。

我在音乐方面知道的甚少，没听过这么纯真、清澈，让人感到欢快、愉悦的歌曲。他告诉我，这是捷克民歌，是从同年级华侨同学那里学来的，他很喜欢。

20世纪50年代初，哈尔滨第三中学有一批归国华侨学生在这里就读，他们和盛寿考都住在学校的集体宿舍，其中不乏高水平的音乐爱好者，盛寿考跟他们学了不少外国名歌。

我从他的画《记忆中的老山头》，还有他唱的这首《牧童》，似乎看到了他未泯的童心。以往听他唱《阳关三叠》中的“历苦辛，历苦辛，历历苦辛宜自珍”。觉得他这么年轻就这么多愁善感，还有老气横秋的一面，不是很理解，实际上他是一个感情很丰富的人。

盛寿考有一次跟我谈起他很喜欢音乐，他说音乐有一种难以言说的魅力，与绘画相比，音乐更具感情色彩，有更强的感染力。音乐可以使人落泪，而绘画却不容易达到；音乐可以唤起久远的回忆，那些过去了的苦难，也会在伤感中变成怀恋。

他说，你还记得苏联歌曲《列宁山》中，有一句歌词是这样写的：

当我们想起年轻的时代，

当年的歌声又在荡漾。

一句很普通的话，但唱出来却会引发人们的遐想。

你想，当三五十年之后，你我都老了，我们在回顾已经过去了的这一段生活时，会很自然地在耳边响起现在喜欢唱的这些歌曲，它会唤起我们美好回忆中最珍贵的一切。

同样，当我们的人生已经迈入老年，在陌生的城市或乡村，夜幕降临的苍茫时分，唱起或听到这些歌曲的时候，我们会很自然地回忆起过去的老师和同学们，以及共同度过的那值得怀念的青少年时光，还有别离的痛苦和真挚的友情。

当回忆的思绪驻足在这里的时候，我有说不出的伤感。盛寿考是一个充满想象力的人，他总是想得很远很远，但意外的事故使他离世而去，在生命的道路上止步了，他不可能和我们一起来感受这回忆中的歌声。

记得人文学者赵鑫珊先生曾经写过：谁没有青春时代？谁没有往日的情感？当你满头白发，站在落日的斜晖中，突然听到从远处深秋的树林里，飘来了这首歌曲，你怎能抗拒它的感情力量？你怎能抗拒回忆？

三、单纯真诚的相处

在哈尔滨第三中学，我加入课外活动美术小组之后，很快便和盛寿考熟悉起来。他对新加入美术小组的同学诚恳相待，从来不排斥，更没有瞧不起画得比较差的同学。我最初加入美术组时，和曾老师对话的情景，以及我的窘态，他都看得一清二楚，当时他正在美术教室中作画，也友好地笑了。

在几年以后谈到这件事时，盛寿考说：“我以为你走错了门，要找体育教研室呢，因为看你当时穿的是大球鞋，身高和步伐，转身的动作，有点像篮球队运动员的样子。你回答曾老师的话很老实，没有花言巧语，有点意思，我觉得挺好。组里同学说你傻大个，那是看你样子比较老实，羡慕你个子高。”

其实我并不高，只有一米八二，但在20世纪50年代的高一学生中，可称得上是高个子了。他还很诚恳地谈到，当时有一种莫名的感觉，他说：“你进美术教室后，看到你当时的表现，听到你和曾老师最简单的对话，感觉你是个老实人，咱们日后可能会成为好朋友。”我没有追问他当时是如何判断的，怎么会有这样的预感。

我想，这也就是常说的，人们的交往是一种缘分吧。

我第一次见到盛寿考，他给我留下的印象还记得很清楚：人显得有点清瘦，穿着十分简朴，举止稳重，态度平和，话语不多，但留下的印象却是很深刻的，至今难忘。知道他是高二的老组员，看他的水彩画，这引起了我极大的兴趣，他很友好地说：“以后咱们可以在一起画画了。”

从那之后，我们开始了从相识到相知的过程。在共同的学习生活中，谈画画，谈读书，谈未来，也谈各自家里的情况，彼此的了解越来越深。他在许多方面的认识，都比我要成熟得多，在为人处事和学习精神方面不断影响着我。

由于我们都是山东莱州老乡，彼此的家乡观念都很重，我们有着共同的爱好，自然就容易亲近。他在哈尔滨没有家，有时星期天到我家来找我出去写生，有时也在我家画画，很快和我的父母都熟悉了。他很有礼貌，尊敬长辈，和我父母都是用家乡掖县话进行交流，乡音入耳更加亲切。

我母亲很喜欢他行身立事、忠厚朴实的作风，让我向他学习。并且还要我告诉盛寿考，不要见外，如果回学校晚了，赶不上食堂开饭，学校离我家很近，就到我们家里吃饭，虽然没有什么好吃的，窝头稀饭加咸菜，总可以吃饱，如同家里的人一样。另外，还希望他把需要缝补的衣物，拿到我们家里来，我母亲愿意帮他拆洗缝补。

他知道我母亲喜欢画，每次来家中取走帮他缝补好的衣物时，总是带上他画的小画送给我母亲。我母亲很珍惜他的画，高兴地挂了几天之后，怕家里烧煤炉子的烟把画熏旧了，便用报纸卷好，放在镜子后面。盛寿考去世后，我回哈尔滨时，母亲很伤心地把她珍藏的画都转交给了我。（见图3-1）

盛寿考在高中时画的这些画，虽然有很明显的模仿痕迹，他自己也不避讳是“依葫芦画瓢”，是在临摹的基础上默写的，但都很认真地追求写意的韵味，努力学习中国画的表现技巧，真正是在“学步”，为以后形成自己的特点打下基础。他把自己的学习心得，毫无保留地认真讲给我，希望我在学习过程中别走弯

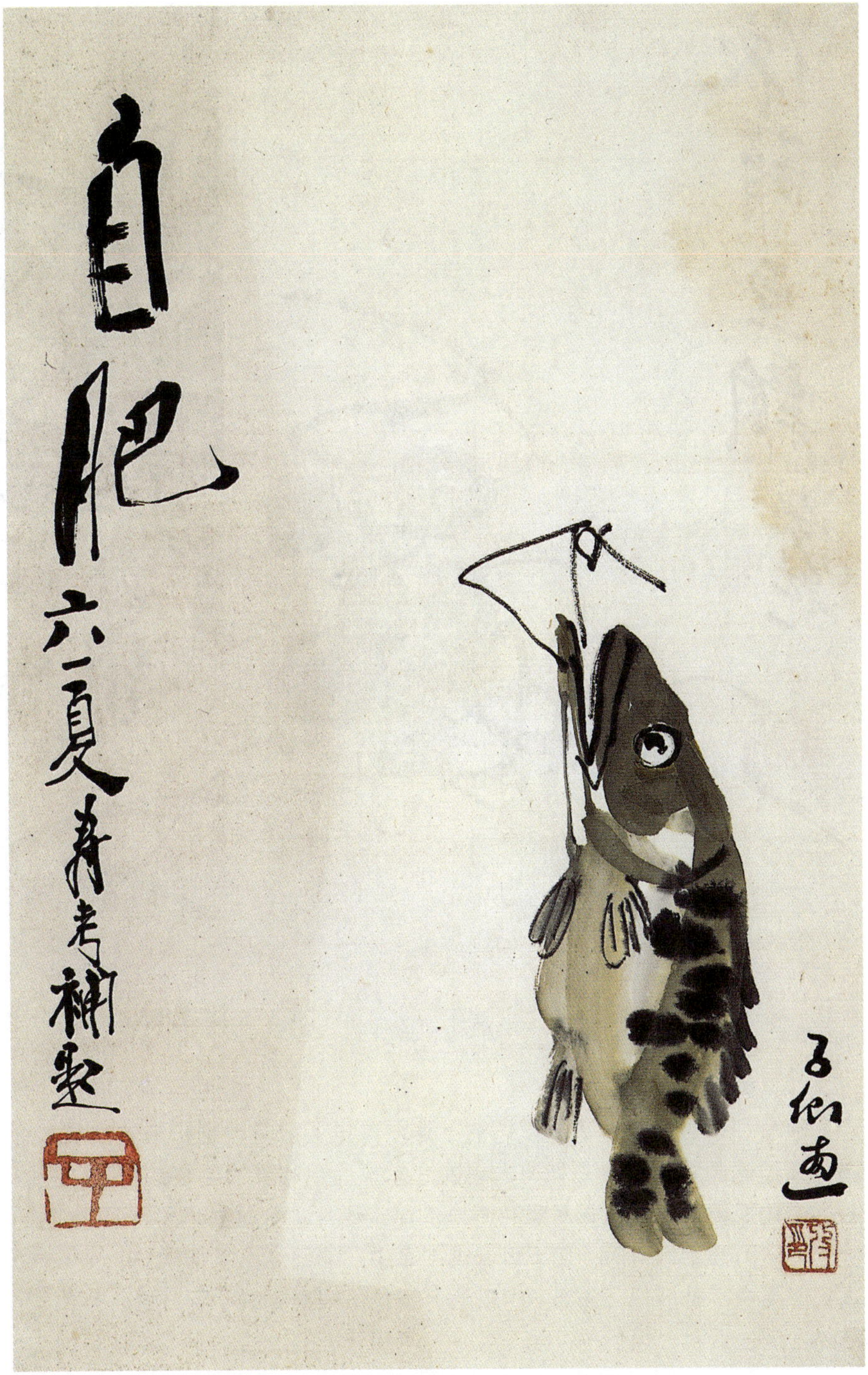

图3-1　鳜鱼（中国画）　33.2cm×21.6cm　原画于1955年　1961年补题

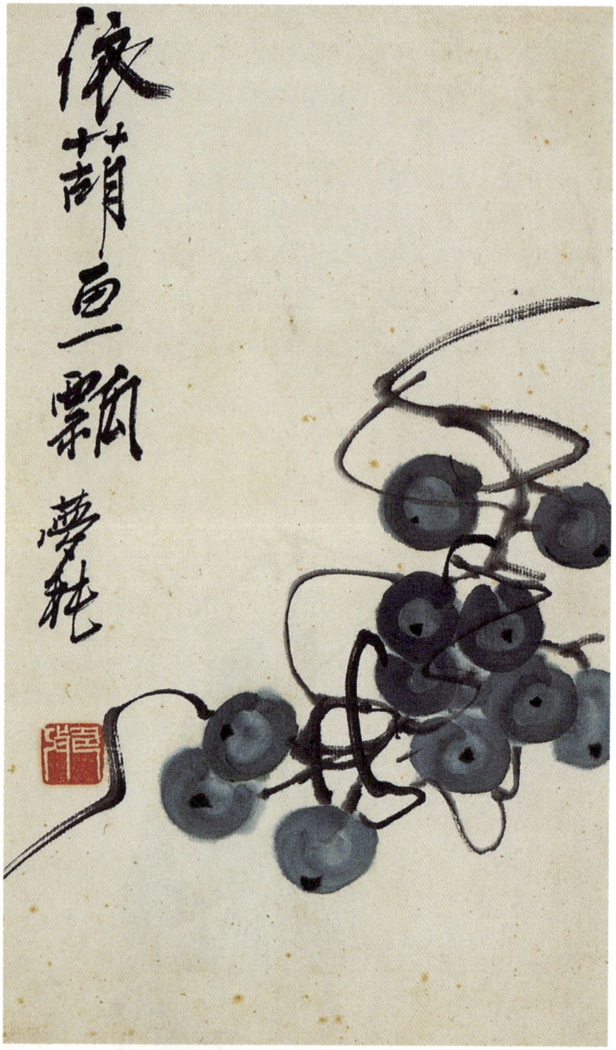

图3-2 依葫芦画瓢(中国画) 25.9cm×14.7cm 1955年

图3-3 紫罗蜜蜂(中国画) 33.7cm×19.8cm 1956年

路。(见图3-2)

他耐心地告诉我，通过模仿的过程，首先认识笔、墨和纸的性质，懂得如何运用和掌握其特点。进一步应该知道国画写意花鸟是如何表现的，怎样运用和发挥毛笔的作用，把握具体形象的表现方法，学习各种构图的变化规律，认识国画写意花鸟画的形式语言，都是和水彩画不同的。(见图3-3)

他认为开始学习时，切不可弄得中不中，洋不洋。最初模仿一定不能变味，应该像学书法临字帖一样，要达到形要像，神应似，先要学得贴谱。模仿是很重要的学习方法，开始学画不能任着性子随便画，那是要走弯路的。他告诉我，模仿的过程，就是思考和分析的过程，一定要认真地去想，多问几个为什么要这样画。

他还告诉我，照着前人的作品临摹，看一笔，画一笔，简单地追求表面和局部的像，那是没有意义的。

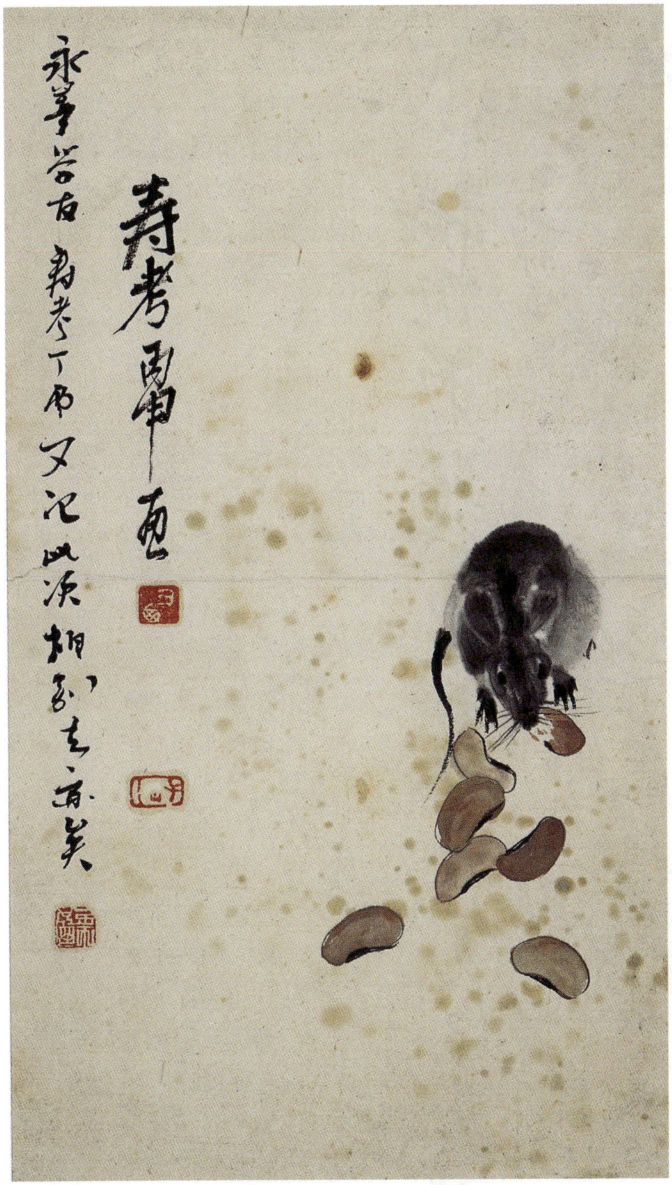

图3-4　小老鼠吃蚕豆(中国画)　35.4cm×19.6cm　1956年

图3-5　松鼠葡萄(中国画)　33.3cm×16.7cm　1956年

临摹也要从整体出发，学之前先多看看，心里有个大概的印象之后，再下笔临摹。画完之后退开来，再去对照比较，从中认识得失。模仿学习也不是一件容易的事情，主要靠自己苦苦摸索，反复不断地去实践。当然，最重要的别忘了，一是要能学进去，二是要能画出来。（见图3-4）

他说：“对于美术的自学者来说，模仿是一个很重要的学习过程，是必须经历的。但是我绝不会长久停留

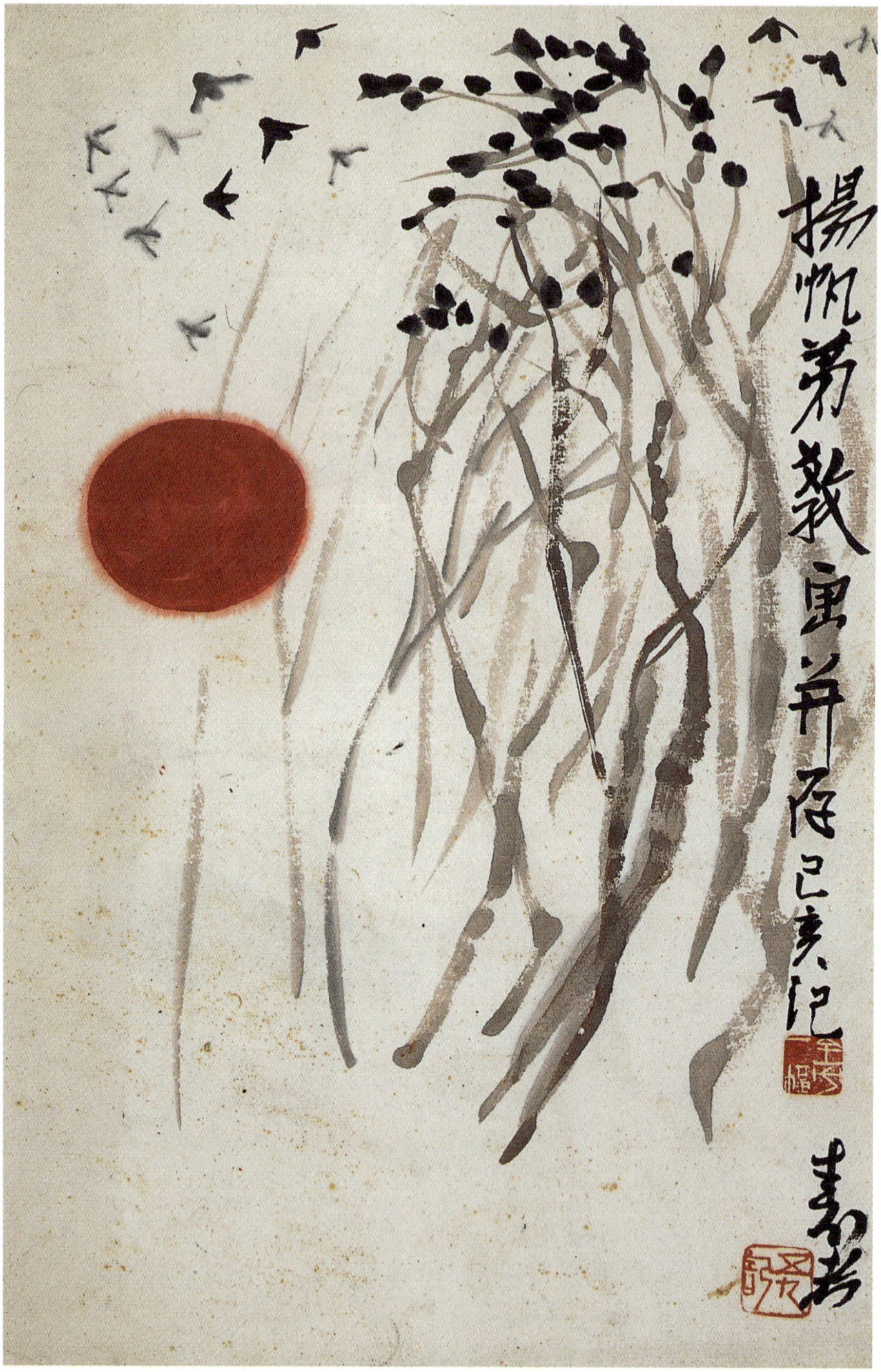

图3-6　鸟倦飞而知还（中国画）　29.8cm×19cm　1959年

在模仿的阶段里。我现在是通过临摹的方法学名家，用人家的技法，画自己的画，像也好，不像也好，都是为了学会在纸上表现，提高对国画的认识能力。以后我会变的，相信多年以后，可以形成自己的风格。”

在我们共同学习的过程中，他心胸宽广、坦诚待人，他将自己的实践经验和心得，毫无保留地介绍给我和美术小组的其他同学，他希望大家一起进步。（见图3-5）

他知道我很欣赏他的画，送给我的画是比较多的，有一部分是题写了我的名字的，也有一些是没有题名的。在1959年之前，写的都是我本来的名字，他在画上多写永善或善兄。在1959年之后，他送给我的画则都是题写“子帆”或“杨帆”，很少再用永善的字样。

关于名字，他还有他的说法，因为我们相处如兄弟，名字却毫无关联，很遗憾。他说我们俩的名字都是比较传统的，一个叫盛寿考，一个叫杨永善，似乎都缺少点朝气和文气。他首先说到寿考这个名字有些老气横秋，至于永善有点像私塾先生的名字，他很直爽地说出自己的看法。

他认为，父母给予的名

字不能改，这是天经地义的。但是作为独立的个人，还可以按自己的意愿再起一个名字，这是允许的。中国古代很多人都有两个名字，甚至好几个名字。他之所以给自己又起了一个名字，就是由于这个原因。我不知道他是什么时候有了“子仙”这个名字的，总之从我认识他的时候起，“子仙”就已经是在他画上出现频率最高的署名。

1959年的新年，他给我刻了四方印，作为新年礼物，也算是为我正式命名。他的解释如下：一方是姓名印“杨子帆”，寓意扬子江上的帆船，有诗情画意。再一方是名印“子帆”，是指小帆船漂流于江河之上，一帆风雨任平生。还有一方是谐音名印“杨帆”，乃是乘风破浪前进之意。另附一方肖形印，刻的是江上帆船，朱底白帆，烟涛微茫，真是小中见大，很有意境。随后他寄画一幅《鸟倦飞而知还》，开始用杨帆这个名字题写在给我的这幅画上了。（见图3-6）

他刻的这几方印和名字我都很喜欢，我非常高兴地接受了，我们有了同胞兄弟般的名字：子仙和子帆。

我不是从事书画专业的，新的名字和石印的利用率很低，只是在我的藏书和手稿上使用，对外从未使用过。最多出现“子帆”的地方，还是在盛寿考送给我的画上。

图3-7　荷塘清香（中国画）　29.8cm×19cm　1956年

1975年我的儿子诞生了，需要起个名字。说实话，起名字也不是一件容易事，并不像有的人讲的那样，“就是个符号”，其实大多都有一定的内容和含义，或是一种纪念。我和妻子商量，就将盛寿考给我起的名字让给我儿子了。妻子曾见我的藏书和手稿上有“杨帆”一名，我和她说起这个名字的来历，但从来没有对外使用过。为了纪念我和盛寿考的友谊，让这个名字更长远地用下去，待儿子长大之后，告诉他这个名字的来历，让他了解父辈同学之间的友谊，于是就把这个名字转送给儿子了。

妻子很高兴地答应了，于是我的儿子就叫杨帆，也叫杨子帆。三十几年过去了，杨帆如今任教于首都师范大学美术学院，在我撰写这本《归合自然》的过程中，他帮我拍摄作品图片，打印彩色效果图，比较全面地认识了我的这位同学。

20世纪50年代的中学生，家庭经济困难者可以申请国家助学金。记得盛寿考享受最高级别的助学金，基本可以够交学校食堂的伙食费，其他衣物、学习用品和零用钱则要靠自己解决。盛寿考一直靠勤工俭学维持学习生活，据我所知他为补习学校刻写讲义和复习提纲的油印蜡纸，以此补贴生活，间或为礼品商店画石膏板，收

图3-8 水仙石苔（中国画） 29.2cm×18.8cm 1955年

取很低的加工费。我和他相识后，在他居住的学校宿舍里，见到过他在石膏板上画国画，临摹齐白石的花鸟画。他还说过：“石膏板吸水性很好，有点像宣纸，画起来很有意思，不仅可以增加一点收入，更重要的是还可以练写意画。”

他告诉我礼品店提供颜料、画笔和画样，通过临摹可以学习绘画技法，这也是一种很好的磨炼，对学画是有一定好处的。他说过，画荷花的表现方法，就是在石膏板上练出来的。（见图3-7）

他对我的勤工俭学提出建议，认为我虽然身强体壮去当小工挖土方、挑土篮、扛麻包，挣钱是比较多一点，但得不偿失，因为这样做，必须利用暑假或寒假完整的时间，每天都要到工地或仓库去上班，必然会中断比较系统的素描训练。最好的办法是找那种利用机动时间可以干的工作，虽然需要有一定的技术性，只要练一练，肯定能很好地完成。他认为勤工俭学的事情，最好是课余或星期天做，把寒假和暑假完整的时间腾出来，集中精力，保持比较长的一段时间练习，素描水平才能提高快一点。

我觉得他讲得有道理，于是想办法找到了新的工作，为话剧院刻写排练新剧目的剧本蜡纸版，为中苏友好协会俱乐部画报告会的背景板，还有为电影院画大幅的电影广告牌，不仅有一定的经济收入，而且也锻炼了绘画能力。

我在读初中时，一直没有学过国画，只是在画报或杂志上见过齐白石的画，根本看不明白，更谈不上

图3-9　有酒盈樽（中国画）　34cm×17.3cm　1957年

图3-10　菊花蜻蜓（中国画）　49.3cm×26.2cm　1957年

有兴趣，这是因为无知。认识盛寿考之后，看到他特别喜欢齐白石的画，而且还读过关于齐白石的文章，看过和临摹过许多齐白石的画，我当时感觉他是在学齐白石的画，学得很像。他曾多次给我讲，齐白石是一位了不起的大画家，并且认真地讲解为什么喜欢齐白石的画，分析其特点，这也是我最早了解齐白石的启蒙教育。（见图3-8、3-9、3-10）

图3-11 风中的秋菊（中国画） 25.4cm×12.5cm 1958年

他学习齐白石的写意国画，有时画得还真有点味道，但得到人们好评的时候，他还是很谦虚的，常说的一句话是“差远了”。他实际所想的还是最终要求变，当然不可能一下子就会成功，但总是不断地在探索。他的这幅菊花就是在试图尝试着变化，融进了个人喜欢的画法来表现的。（见图3-11）

他在高中二年级的时候，画得最多的是国画写意花鸟，还不间断地画速写，偶尔也画水彩画，但很少画素描。他最初画的水彩画比较客观和写实，与当时流行的一般画法很接近，主观感情的成分比较少，还没有找到自己的表现方法，当然也谈不上形成风格特点了。他画过一张《铃兰花》的水彩静物，当时我看了之后觉得很好，但他并不满意，我便要来拿回家挂在墙上，这也是我保存他的水彩画中最早的一幅了。（见图3-12）

曾耀宗老师是一位爱惜人才的人，但对学生要求比较严格。盛寿考对她很尊敬，她很喜欢盛寿考勤奋刻苦、待人真诚的品质，当然也很喜欢盛寿考的画，因为无论水彩画和国画，他都是全组中最有特点的，也是最优秀的。为此，曾老师从家里拿来她保存多年的“瓦特曼”名牌水彩纸，送给盛寿考作为奖励。盛寿考很感激老师的鼓励，却从来没有自鸣得意过，总在不断督促自己虚心刻苦地学习。

曾老师当时还负责市里中学美术教师的教研活动，有时请专家为老师们组织讲座，每学期还举办写生观摩活动，地点大部分都是在第三中学。盛寿考住在学校的学生宿舍，他得知有讲座的消息，总会通知我一起去旁听。我说：“这是美术老师的活动，有些内容听不懂，不想去听。”他却说：“听不懂才要听，不懂的可以记下来向曾老师请教，多听听，慢慢就懂了，可以学到不少知识，对你以后考学的口试会有帮助的。”在他的督促下，每次讲座我都去旁听，还做笔记，收获很大，确实在后来报考中央工艺美术学院的口试中，起到了重要作用。

回忆起当时的讲座内容还挺丰富，大都是关于美术史和美术理论的专题讲座，还有美术教学的教材和教法的交流。我们最愿意听的是著名画家的作品欣赏和介绍，印象最深的几次讲座是中国画家齐白石、俄罗斯巡回画派的画家和作品以及印象画派的绘画与著名画家。

其间还请过黑龙江省德高望重的著名老画家高昆老师，讲授“水彩风景写生技法”。高老师早年毕业于上海美术专科学校，当年在哈尔滨的中学执教时，曾经教过著名作家萧红画水彩风景画。他为人随和，性格爽朗，热心美术教育事业，是黑龙江省美术界中一位备受尊敬的长者，盛寿考对他特别钦佩。

高昆老师不仅水彩画画得好，而且国画山水也很出色。他画的水彩画用笔很讲究，笔触明确而肯定，色彩浓重而丰富，注重整体色调的统一，高昆老师的这种画风对盛寿考的水彩画特点的形成有一定影响。(见图3-13)

图3-12　铃兰花（水彩画）　21.8cm×29.2cm　1955年

图3-13　学校的操场（水彩画）　25.7cm×34.2cm　1964年

四、他志愿做美术教师

图4-1　一枝独秀(中国画)　27.3cm×19.5cm　1955年

一个人在青少年时期的成长，特别是在高中时期的志愿选择，起决定作用的因素是多方面的，但很多时候，是和老师的引导与影响分不开的。盛寿考之所以选择以美术教师作为终身职业，既有他从童年时期就对绘画产生极大的兴趣，喜欢画画，上学之后对教学生画画的老师钦佩和羡慕，心存敬仰；还有他对自身冷静客观的分析，认为做美术教师是最适合的职业；更直接的是曾耀宗老师对他的影响，使他在高中时确定了志愿，准备报考师范院校的美术教育系，想在毕业后当一名美术教师。

曾耀宗老师1941年从日本学成归国后，从事小学、中学美术教学工作。她热爱自己从事的教育事业，全身心地投入到工作中，并且取得了很好的成绩，也受到了学生们的爱戴。她说在中小学的美术教学中，尽管有许多困难，但在克服困难中教学也是一种工作方式，同样会有一种成就感。

曾老师在哈尔滨三中教美术课，全校只有她一人担任这门课的任课老师。这所重点学校的各门课程任课教师人才济济，在市里也都是拔尖的优秀教师。校长虽然重视美术教学，但在当时的大环境中，人们还只是把美术视为副

科。由于曾老师的业务水平和教学成绩是有目共睹的，在这所学校里，她真可以称得上是一枝独秀。（见图4-1）

有时在星期天的美术小组活动后，剩下几个高中的主要组员时，她喜欢和我们聊天，谈谈我们文化课的学习和生活的情况。她也常谈到自己当学生时有趣的事情，还谈及多年来从事美术教学的心得和感想。她性格开朗，教我们画画的时候很严肃，和我们聊天的时候却很亲切。她不止一次讲过，给我们印象最深的一句话是：“人生如果有来世的话，我还会选择美术教师作为终身职业，而且会做得比今生还好。”

盛寿考听曾老师讲这些话的时候，总是聚精会神的，态度是虔诚的，认真地在思索。有一次他感慨地对我说：“曾老师不仅授业、解惑，还在传道，她对我们是负责任的，难得我们碰上这样好的老师。”

我和盛寿考相处比较长时间后，对他的为人治学有较多了解，特别是他面对贫困，克勤克俭的精神，令我很佩服。他只比我大一岁，但思考问题却很成熟，看得比较长远，想得比较周到，有些问题是我根本没有想过的。

他很愿意跟我谈，因为他知道我也愿意听，说实在话，通过交谈对我是一种启发和提高。他说：“你想想，咱们学校的功课抓得这么紧，每门功课都不能放松，数理化和文史地样样都要学好。同学们每天的精神够紧张了，如果再没有体育、美术和音乐来调节一下，那要把人累坏了的。”

他还跟我提起，前几天曾老师给同学们举办《俄罗斯风景画欣赏》的讲座，他说：“没想到有那么多同学都来了，挤满了二楼小礼堂。我帮曾老师放幻灯片，她讲得特别带劲，绘声绘色，引人入胜。高三那些数理化脑袋（指理科功课好的同学）都激动了，很羡慕学美术的。他们说这个职业很重要，不但使人欣赏美，还叫人心情愉快，真的是陶冶人的情操。这一段功课太累了，看看这些优秀的风景油画，确实是一种享受，也起到休息和缓解的作用，谢谢曾老师啦！”

盛寿考还提醒我注意，每次美术小组习作展在学校举办时，有那么多同学参观，还有不是美术小组的同学也送习作参展，说明同学们对美术的爱好还是普遍的，这也是和曾老师的工作分不开的，还可以看出我们美术小组是有一定影响力的。

他还讲过，像咱们这样的重点学校，学习成绩在全省拔尖，在国内也是知名的中学。这所学校不仅学习气氛浓厚，而且课外活动也很丰富。校长和老师教育同学们要全面发展，并不是为大学培养高分数的书呆子，而是要造就有文化修养、有独立思考能力的人才。

至于美术方面，看看这所学校的环境布置，就可以知道基本状况。进入校门的玄关处，迎面就是曾耀宗老师的大幅油画作品；走廊的墙上，每个班都有统一设计制作的墨绿色壁报板，规格统一整齐，内容丰富多彩；不仅文字内容好，版面也变化多样，其中报头、插图还有装饰题花都各有特点。

他认为这不仅因为三中学生的素质高，更重要的是曾耀宗老师发挥了引导和组织的作用。她在课外活动美术小组里培养了骨干，回到班里起到带头作用，每期换新壁报时，都有好多同学参加，很主动，也很有兴趣。再加上曾老师亲自到班里去指导和鼓励，同学们的热情都很高。他说，你想一想，这个学校如果没有像曾老师这样的人，就要逊色多了。曾老师比起数理化和文史地的老师，虽然有人说她是配角，我觉得她这个配角是很优秀的，足可以与主角相媲美。

图4-2　俯首大地（中国画）　29.5cm×19.2cm　1956年

他的结论是：一个完美的学校，不能没有优秀的美术教师，否则是有缺憾的。

作为一个高中学生，他看到了美术教师在一所中学里的重要作用，因而他立志做一名称职的中学美术教师，脚踏实地地在美术教学中贡献力量。（见图4-2）

在三中美术组相处的两年时间里，我感觉盛寿考想问题总比别人周到细致，谈问题点到为止，从不啰唆。他时常关心我的学习，并鼓励我要不间断地练画素描，为报考美术院校做准备。虽然他学画一直很努力，但他却很少谈到自己毕业准备报考哪所学校。有一次我偶尔问起这个问题，他只淡淡地略带伤感地说：“一言难尽，太难了，我原来想的恐怕难以实现，等我决定了之后再告诉你。”在那之后，我就没再问过，知道他生活和学习都很不容易，可能在升学方面遇到了很大的困难。

1955年的秋天，我升入高中二年级之后的一个星期日，早上去学校美术组参加活动，盛寿考先我一步到学校来了。校园里很清静，已经是深秋的天气，操场四周的树叶飘落，哈尔滨的秋天已有几分寒意。他穿得很单薄，神情有点忧郁，看样子像是有心事，没有了往常的自然和平静。

我感觉可能发生了什么事情，就陪他到学校的小院里去谈谈。他情绪比较低沉地和我谈到，他已是高三的学生了，正面临着毕业后升学和就业的问题，在困扰中一直很苦恼。他原来是打算报考师范院校美术系的，毕业后从事美术教育工作，如今家庭的经济困境，使他根本不可能报考大学，而且今后也没有机会上大学了。

他详细地和我谈到，昨天刚收到父亲从山东老家寄来的信，希望他高中毕业之后立即参加工作，家里实在太困难了，需要他的经济支持。老父务农很辛苦，入不敷出，拉扯着两个弟弟和四个妹妹，还有一个老奶奶瘫痪在炕上，治病需要钱，弟弟妹妹上学需要钱，家里没有经济收入，很难维持下去。父母希望他尽快工作，以便有工资收入，能够每月给家里寄钱，帮家里渡过难关。

他说到自己是家中的长子，帮助父亲挑起家庭的重担是义不容辞的责任，就不再幻想上大学了，面对现实，高中毕业只能就业，挣钱养家。当我问起他打算从事什么工作时，他毫不犹豫地说，这个问题我早已决定了，像曾老师一样，当一名美术教师，在哈尔滨或回老家都可以，能到小学去教美术课就十分满意了。曾老师从国外留学回来，也是从小学美术教师做起的。

在这之后，他和曾老师谈到家庭的情况和毕业后的选择，曾老师鼓励他别灰心，并教育我们应该学会全面考虑问题，不能只想到自己，要懂得替家长想想。她对我们说：“盛寿考这样决定是正确的，他懂道理，不自私，帮父母挑起家庭的重担，这就是孝敬父母，不孝敬父母的孩子，我这里不要。”

她又对盛寿考说：“你给我把高三的功课学好，要做成绩优秀的高中毕业生。这半年我再教你怎么备美术课，怎么写教案，怎么画示范画，怎么上课和讲课，我一定培养你成为一名合格的美术教师。”曾老师是这样说的，也是这样做的。在这之后，盛寿考在曾老师的指导下，开始学习怎样当美术教师，为求职试讲做准备。

当年在我们中学里，有许多老师关心和帮助学生的事情发生在身边，也有发生在我的身上的，看到了，也经历了，确实很感谢老师帮助学生解决了问题，很高兴，也感到很温暖。但是，对于其中许多深层的最珍贵的感情，却理解得不够，认识得不深，只有随着时间的流逝和世事的沧桑，认识才逐渐有了一点深度，如今回想起来特别感动，也很惭愧，特别怀念这些老师。

这种师生之间的深情厚谊，不会因为时间的流逝而冲淡，也不会因为空间的距离而阻隔，犹如陈年佳酿，会变得更加香醇。

1956年秋天，盛寿考高中毕业考试后，在曾耀宗老师的推荐下，参加教师资格考核，顺利地通过试讲，正式被录用为美术教师，他被分配到哈尔滨市二十八中学，担任初中的美术课教师。他实现了做美术教师的理想，而且超乎预想，居然成为一名中学的美术教师。

曾老师对学生的爱心真诚而无私，犹如母亲对待自己的孩子一样。她说：“推荐盛寿考去试讲，争取获得美术教师的资格，这就好像送女儿出嫁一样，可是要操心费神的，还担着一份心，就是怕达不到要求，通不过。好在盛寿考各方面都很优秀，得到参加审核的老师们的一致好评，终于通过考评，真给我露脸，我心

图4-3　梅花开放（中国画）　30cm×23.3cm　1956年

图4-4　月季花开(中国画)　21.2cm×30.4cm　1956年

里不知有多高兴！”（见图4-3）

这就是我们的曾老师，我们能不尊敬她吗？能不怀念她吗？她做的许多事情，都体现着教师的使命感和责任心，也体现了她的崇高人格和品质。她没有愧对“教师”二字，所以我们都把她作为学习的榜样。盛寿考不止一次对我说：“曾老师是我的恩师。”是的，这是他的心里话，曾老师对于我又何尝不是如此。

盛寿考顺利地实现了做一名美术教师的愿望，对他来讲这是一生中的一件大事，他很高兴，同时他又非常冷静和理智。他推心置腹地跟我谈到：如果没有曾老师的推荐，如果没有曾老师在半年之前就指导他进行准备工作，他是不知道怎样进行试讲考核的，根本不可能获得好的成绩，是不会顺利通过中学美术教师资格考核的。因此，他会更加珍惜这得来不易的教师称号，会通过不懈的努力，争取做一名称职的中学美术教师。（见图4-4）

因为当时中学教师的来源，主要是师范院校毕业生分配到各学校，像盛寿考这样一名当年的高中毕业生，要想教初中，是很不容易的。

我在想，这件事情之所以能顺利达到目的，首先因为盛寿考是优秀的，良好的文化基础和优秀的艺术素质，这是重要的前提，没有这个首要条件，曾老师再努力也没用。

其次，是曾老师指导的结果，她有多年丰富的美术教学实践经验，高水平的教学理念；对中学美术教师应该具备的条件、必须掌握的知识结构十分清楚，并且了解考核的基本要求，指导必然是准确到位的。

另外，还不得不考虑，曾老师在市教育局和美术教育界的威信，她的大公无私、秉公办事，是老师们公认的。曾老师是一个负责任的人，她推荐的学生肯定是优秀的。就像后来外校的美术老师谈到盛寿考时，心悦诚服地说："曾老师带出来的学生差不了。"

还有一点应该承认，盛寿考是哈尔滨第三中学的高中毕业生，而且毕业考试成绩优秀，这是具有一定优势的。他自己也想到这一点，应该感谢母校的威望，今后在工作中更要珍惜和维护母校的荣誉。

当得知自己被录用的消息后，他马上就去学校报到了。之后很快就赶到我家，告诉我这一消息。他很高兴，但又有压力，本来想争取做一名小学美术教师就知足了，没想到结果是到中学任教。他觉得自己高中刚毕业，唯恐不能胜任，对不起学生们，也对不起曾老师的一片心意。他表示只有加倍努力，不辜负曾老师的期望和信任，做一个和曾老师一样敬业的美术教师。

傍晚，在我送他回二十八中学的路上，他高兴地告诉我："从九月份起我就可以领到工资，能够给家寄钱，该尽当儿子的责任了。" 盛寿考是一个知道孝顺父母和体谅父母难处的人，他不止一次和我谈过关于"孝顺"的问题，要理解父母的难处，要懂得回报父母的养育之恩。从他工作的第一个月起，一直到去世的十年中，每个月都按时把钱寄到家中，从未间断过。他说尽责任是一件令人愉快的事，可以使人的内心感到充实，感情得到满足。

盛寿考没能实现报考师范院校学习美术教育的心愿，他没有因此而灰心。对于立即从事教学工作，还是有信心学好和做好的，这是在曾老师的言传身教影响下形成的性格。他向我表示，就任教学工作，又是担任他最喜欢的美术课，心情很好，愿意全身心地投入，争取做一名称职的美术教师，把画画好，把书教好。

面对现实，他表现得平实而淡定，从来不会好高骛远。关于报考高等师范院校就不再多想了，因为家庭的实际情况，十几年之内沉重的经济负担是无法解脱的，他必须承担起来。

至于对美术的爱好，他说：已经不是过去的单纯爱好了，现在是职责也是工作，必须做好，只有通过刻苦自学，才能弥补自己的欠缺。今后必须一面学，一面教，坚持下去，他相信教学水平和绘画能力都会有所提高的。

他离开三中美术小组之后，开始了从学生转变为教师的生活，由于是新手，工作自然比较忙，很少有时间回去和大家谈谈，小组里的同学对于他的离去感到若有所失。

我偶尔去二十八中看望他，他几次同我谈起这所学校不重视美术课。他说："这里和咱们第三中学太不一样了，从校长、书记到教导主任，都不重视美术课，想停就停，想换就换，根本没有认识到美术教育对培养学生的重要性。他们自己不懂装懂，还瞎指挥，说这个美术课对学生没什么用，瞎耽误工夫，影响正课的时间。他们认为，美术教师能画画黑板报，写写标语，能布置会场就行了，还上什么美术课！"

盛寿考面对如此这般的校领导，真是无可奈何，他只好把精力用在课外活动美术小组了。他把学生中的美术爱好者组织起来，在周末下午进行活动，不仅学习绘画的基本知识和技能，还帮助生物、地理和历史课

图4-5　风中的树（中国画）　21.5cm×24.8cm　1961年

的老师画挂图，受到一些老师的欢迎和尊重。他通过这类具体工作，恰恰证明美术不是“没什么用的”，而是还有更长远的用途，只是一时显现不出来美术这门艺术的价值罢了。(见图4-5)

他的精神状态是振奋的，他全身心地投入到工作中，吸引了许多爱好美术的学生参加美术小组的活动。

五、选择也是一种智慧

进入高中三年级之后，文化课学习是相当繁重的。我因为要报考美术院校，还要准备专业加试，素描是最重要的考试科目，我把每个星期天的时间都用在素描作业训练上了。曾耀宗老师虽然很忙，但总关心我的考前准备，并建议我抽时间把素描作业拿给盛寿考看看，听取他的意见。

我带自己练习画的素描石膏头像去给盛寿考看，希望听取他的意见，因为他对美术院校素描考试的要求有所了解，而且他一直关心着我报考美术院校的事情，希望我能够顺利考取。他善于对具体事物观察、分析和研究，根据我的作业，能够比较准确地指出存在的问题。他有时还会把前后的作业比较，提出应注意的问题，对我的帮助很大。当然也有批评，既诚恳又准确，他从来不会嘲讽人。

就在这个时候，每年一届的全市中学生田径运动会临近，为了迎接运动会的召开，学校田径队的同学要集训。在高中二年级的时候，有一段时间我在学校的田径队训练，每天下午的运动量比较大，很累，精力集中不起来，晚上在灯光下画的素描，连基本形都把握不准确，更谈不上深入了，因而受到曾耀宗老师的严厉批评，我退出了田径队。

她让我退出田径队，是为了集中精力在学好功课的基础上，认真画好素描，准备报考美术院校。“你又不考体育学院，练什么田径，给我好好坐下来画素描。” 我至今还记得曾耀宗老师当时严肃认真的表情，她对我是负责任的，她是值得我永远尊敬的人。当时她并不了解我的心思，我想毕业前在市里的中学田径运动会上拿两项冠军，为母校争光，也算是对母校培养的回报。

我当时承担着110米高栏和三级跳远的项目，这两项我在市的中学里都曾有过好成绩，只要作好比赛前的体能训练，取得冠军还是有把握的。

当时，我心里不服气，但又不敢说，因为毕竟素描没画好，只好去盛寿考那里倾诉委屈。他看了我的素描之后，很和气地对我说：“曾老师批评得没有错，你画的这几张素描还不如前一阶段画得好，要是考试也

图5-1　像操琴者一样埋头苦练(中国画)　15.5cm×20.8cm　1956年

画成这样，那就很难考取了，她怎么能不着急呢。你想为学校争光是好的，训练再累，画素描的时候，也要把精力集中起来。你的身体好，再调动一下潜能，训练还要继续，素描也得画好，咬牙坚持度过运动会前的这两个月，这也是一种锻炼。”

我也没什么可以辩解的，曾老师和他的话都对，只好咬牙坚持了。最后，总算如愿以偿地度过了这段比较困难的时期，素描水平有所提高，运动会的任务也很好地完成了。我把获奖的毛巾送给盛寿考，他看我很高兴，对我的表扬却只有三个字：“你还行。”

他参加工作后不久，有一次很认真地和我谈到文化课学习的问题。他说：“高中的文化课很重要，关系到一个人一辈子的文化水平，这是咱们的郑诚老师说的。郑老师告诉我：‘画是要学的，别忘了文史地和数理化，高中必须首先学好文化课。’郑老师讲得很有道理，他曾经是我的班主任，特别关心有特长的同学。曾老师也是不断提醒咱们，不要因为画画影响了文化课的学习。这一次我能当上中学美术教师，也是和我毕业考试成绩优秀分不开的。”

他在以往也说过：“珍惜每门课程上课的时间，千万别走神，不能浪费课上的时间，这是在学校学习最重要的环节，不好好听课是傻小子。只有认真听课，才可以比较好地完成作业，然后轻松愉快地画画，二者都会取得比较好的效果。”他这种关于学习的经验，不仅一直影响着我，影响着美术小组的其他同学，并且得到曾老师的肯定和支持。

盛寿考的学习态度和学习经验，是在学校和老师的教育下与在自己的学习过程中思考和领悟的结果，代表了当时第三中学特长生对待文化课的态度和做法。他的经验，首先是要重视文化课，认识到这是关系长远发展的事情，一定要把时间调配好，认真地下工夫，是可以取得好成绩的。为此，他曾给我画过一幅埋头苦苦练琴的古人，我想这也算是一种含蓄的督促吧。(见图5-1)

我读高中的三年里，经常听到他提起文化课。他对文化课的观点是：必须平时重视，要跟得上每门课的进程，千万别落下，关键是要学习和掌握基本知识的内容，并加以理解和消化。文科课的成绩要力争优秀；理科课的成绩要保证良好，千万别在及格线上转悠，那样心里不踏实。

由于他的影响和督促，我的文化课学习始终没敢放松，特别是文科，这是艺术类专业必考的科目。当年我能够考取中央工艺美术学院，文化课的成绩起到关键的作用，而且在进入专业领域之后，原来的文化基础也是专业学习和发展的重要支撑。

高中三年级是人生重要的转折点，可以说在一定程度上决定今后的职业和所从事的具体专业。在我们上学的那个年代里，许多家庭的家长没有文化或者文化水平很低，对于报考大学的专业根本不懂，完全由我们自己来选择和确定，这就自然地形成了同学们之间相互参谋和帮助拿主意的现象，在选择专业和报考志愿方面，发挥着重要作用。

盛寿考由于自己不能报考美术院校，所以他特别希望我能考上美术院校，并且争取考试一次成功。他关心报纸和杂志上刊登的美术院校招生简章和专业介绍，帮助我了解和提供选择的学校和专业。

1956年11月1日，中央工艺美术学院建院的消息在报纸上刊登后，他很快告诉我，觉得这是一所适合应届高中毕业生报考的院校。他认为这种院校的专业特点与我的爱好和特长比较接近，可以提供给我考虑选择。因为他知道我喜欢手工艺制作，看到我自己动手制作的画箱和画架；也看过我读小学时的手工作业——用一块整木块雕制出的文具盒，他曾经赞扬过我有“匠心”。他也知道暑假勤工俭学中，我曾在铁工厂干过手艺活，对手艺制作特别感兴趣。

他很善于思考和分析实际情况，了解到几所美术学院都开设有附属中学，并能够比较客观地看到，附中毕业生的素描、色彩画得都比较好，因为受过严格的专门训练，普通高中毕业生竞争不过他们。如果报考美术学院，初试通过素描和色彩的可能性比较小，这样也就无法发挥普通高中毕业生文化课的优势。

这些问题在当时我也想过，但不像他想得那么清晰、那么周全。我感到他的分析很有道理，也符合我的实际情况。在我决定一生职业选择和专业取向的关键时刻，他认真负责地提出了参考意见，供我思考并作出决定。

盛寿考做事情总是很扎实、很有条理，他不喜欢那种说空话的人，他帮助人也是实在的。他拿来中央工艺美术学院1957年的招生简章，逐条、逐句认真阅读，他认为报考这所学校符合我的实际条件，并征求曾老师的意见。当知道大家的意见都一致时，最后他还很郑重地和我说：“永善，我和曾老师的意见，只是对你在学习方面表现出来的特点和客观情况的分析来确定选择，只供你参考，至于怎样选择和决定，还是要你自己最后拿主意。”（见图5-2）

当我决定报考中央工艺美术学院之后，他又帮我准备考试。这是五十多年前的事情，如今回忆起来还历历在目，像昨天发生的事情一样，这些情景和过程是无法遗忘的。

他很尊重他人，对老师是尊敬的，对我和其他同学，还有对他的学生，也是尊重的。他从来没有以高年级同学的身份，把自己的观点强加于我，总是以商量的口吻来谈他的意见，甚至在我做错事情时的批评也是如此。在美术组的同学中，他很有威信，同学和他开玩笑时说：“你要当校长都绰绰有余，我们拥护你。”曾老师在晚年回忆盛寿考的时候，感慨地说：“盛寿考成熟得太早了，难怪那么年轻就死了，天妒英才啊！”

1957年春天，新学期开学后，我就要准备六月到北京参加中央工艺美术学院的招生考

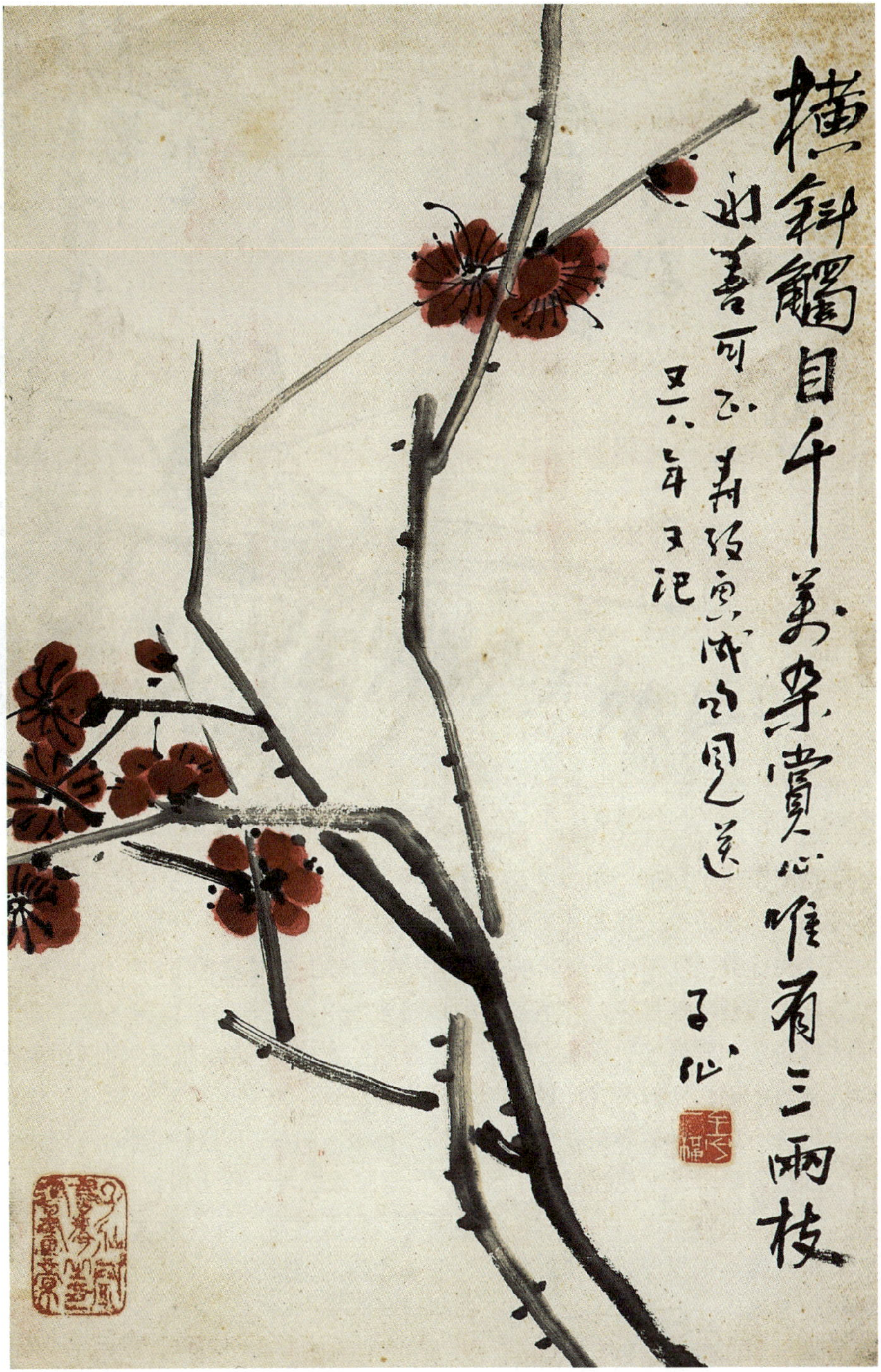

图5-2　梅花几朵（中国画）　33.4cm×21cm　原画于1957年，1958年又记

图5-3 一蓑烟雨（中国画草图） 1957年

试。对于我报考中央工艺美术学院的准备工作，曾老师让我多听取盛寿考的意见，认为他考虑问题比较周到。

盛寿考针对我的情况明确指出：“这两年你主要是画素描和水彩，工艺美术学院不考色彩，只考素描和图案设计，你根本没画过图案，当然也就不会图案设计。还有三个多月就要去北京考试了，目前当务之急是学画图案。素描可以停下不画了，再画也不可能有突出的进展。重要的是把图案补上去，估计考生在这方面都比较薄弱。美院附中的学生也未必能画好图案，你加把劲，图案比素描容易出效果，争取和素描一样拿分。至于文化课，可以稳坐钓鱼台，你可以发挥绝对优势，现在也不必费很多时间去参加班上的总复习了。”（见图5-3）

曾老师开玩笑地说：“盛寿考的战略思想是很正确的，如果考取了，应该先感谢盛寿考！”于是就开始了他所说的“学会设计图案，考上工艺美院”。在我和他相处的时间里，很明确地感觉到，由于他很早便一个人独立生活，所以考虑问题很客观，也很细致，总是比较明白自己的处境，清楚了解应该干什么，以及如何进行和完成。他的思维是井然有序的，也很有见解，当我遇到问题不知如何是好的时候，在同学当中，总愿意找他聊聊，征求他的意见，然后自己再深入思考，作出最终决定。

那时候面临考试，只是觉得什么重要，什么薄弱，什么能发挥功效，就作为重点去下工夫准备。如今回忆起来，盛寿考思考问题是很具体、很细致的，他设身处地进行换位思考，认真负责地分析客观情况，坦白地和我商量。一旦决定主攻方向，他煞费苦心地为我考虑和准备，在我报考院校和选择专业方面，起到了重要的作用，可谓尽心尽力。

他给我提供了三本图案书，一本是《图案的组织》，一本是《中国图案参考资料》，另外一本是新中国成立前出版的《基本图案学》，是傅抱石编译的。他让我抓紧时间先认真看两遍，要求我记住大概的内容，一定要知道图案是怎么回事，然后再动手画。

我只用了五六天的工夫就把这三本书看了好几遍，主要内容基本上都记住了，还用铅笔临摹了许多张。他看了后，建议我去书店和百货公司找好看的图案，用铅笔线描画下来，回到家里再上颜色。

当时我暂时放下了文化课的备考复习，几乎天天画图案，不到一个月就初步画得有点像图案的样子了，也知道画图案和画水彩静物花卉的区别。在此基础上，进一步按《图案的组织》那本书上写的，练习写生变化。这一切都进行得比较顺利，因为每星期总要把画的作业拿给曾老师看，她学过画图案，对我的指导很有针对性。

我开始画图案时用的是水彩画颜料，没有覆盖力，效果不好，颜色很难涂均匀，也很难把纹样描绘得规整和洁净，我打算去买几瓶适合画图案用的水粉颜料（当时也叫广告色），因为到北京考试也是要用的。他告诉我不用去买，他给我准备，把钱省下来，留着用在去北京考试的路费和伙食费方面。

他很会替别人着想，他知道我利用假期和课余时间，勤工俭学积攒下七十一元钱，很不容易，这在当时对中学生来说，是一笔很可观的积蓄，是专为去北京考试准备的。记得当时从哈尔滨到北京的普通火车票是十八元九角一分，进京赶考是没有半票的，来往就要将近四十元钱，相当于我父亲一个月的工资。

当时我们求学画画等许多开销，都要靠自己去挣钱，家里是无力承担的。

他为了替我省钱，几天后真的拿出了十几瓶旧的水粉颜料，这是他刚到二十八中的时候，从教员室废纸篓中拣回来的。他把这些已经都干成硬块无法使用的水粉颜料，一瓶一瓶地挖出来，分别放在从化学教研组借来的瓷乳钵中，研磨成细粉，再加水调和之后，装回原瓶中使用的。应该说比新买的瓶装颜料还好用，因为胶性不那么大了，研磨后更细匀了，运用起来比较容易控制。我就是带着他给我准备的这些颜料，去北京参加中央工艺美术学院入学考试的。

他的这种废颜料自行加工再利用的方法很有效，我学会了，后来遇到干了的水粉颜料，从不丢弃，依然采用这种方法进行再加工利用。

我参加中央工艺美术学院的入学考试，正如盛寿考预想的那样，首先通过了素描和图案的初试，进而又通过了学院单独设立的文化课复试。最后，在7月底，我在北京领到中央工艺美术学院的录取通知书之后，乘火车回到哈尔滨。

我们见面之后他很为我高兴，希望我珍惜这五年的大学时光，要学会自己独立生活，每个月别忘了给父母写信，总之关心和提醒的话简短扼要，想得很周到。

我见他心情有点沉重，以为是很快要分手了，惜别总不是一件轻松的事。向他问起近来工作情况的时候，他告诉我：“在学校遇到了不愉快的事情。”他不想多说，我也不好多问。我请他一起到江畔公园的餐厅吃饭，这是我们第一次在一起喝啤酒。那时哈尔滨第三中学的校规有规定，中学生是不允许抽烟、喝酒的。好在他已经做教师了，我也拿到毕业证了，就算破例吧，以表达我的感激之情。

我们也头一回领略了喝酒之后那种飘飘然的感觉，心情是百感交集的。

六、他也曾茫然过

盛寿考参加工作的初期，还是一个理想主义者，他决心尽力工作，相信一定能够把美术教学工作做好，不辜负人民教师的称号。他对待工作和学习充满热情，总想追求十全十美。他能到二十八中担任美术教师工作，心中感到很光荣，写信告诉家里，父母也为他高兴。那时候的教师还被称为“人类灵魂的工程师”， 话虽这样讲,人们还是愿意当实际意义的工程师，不愿做这象征性的工程师，因为待遇低，没什么发展前途。当时还有一句话是：“家有二斗粮，不当孩子王。”看来当教师的人，多是贫困的知识分子。可是还真有那么一些热爱教育事业的人，把当教师作为终身职业的第一选择，曾耀宗老师和盛寿考就是这样的人。

由于盛寿考是从第三中学的环境中走出来的，受曾耀宗老师的影响，责任心很强，担任美术教师工作有一种自豪感，他后来曾自嘲地说：“你不知道，心里还有一种莫名其妙的使命感，自己感觉好极了，但人家却根本没拿你那点工作当回事儿，自己太天真了。”他说：“工作一开始就碰壁，从没顺畅过，怎么会这么难啊！”

他精神饱满、全力以赴地投入工作。他把担任美术教师工作当作新的学业，一面学习，一面工作，遇到问题就向曾老师请教。

他曾感慨地对我说：“现在当教师教书和原来当学生学习，完全不同了。当学生的时候只管学，考试获得好成绩就可以了；当教师则不然，想要教好课程，必须首先自己要学好，但是自己学会了知识和技能，不一定就能教会学生。”

他还谈道：“教书是一门学问，有方法、有技巧，不然为什么要开办师范大学美术教育专业，人家就是研究这门学问的。我没有接受师范大学的教育，就得想办法自己学习，补上这部分功课。当然画画方面还差得很多，也同样不能放松，这两样都是我应该完成的学业。”

他了解自己的不足，同时又相信自己，督促自己去努力，脚踏实地，从一点一滴做起。他周围的人说他画画的时候，很善于发挥想象力，带有几分浪漫的色彩；在现实生活和教学中，他是务实而讲究实效的，做事情是最踏实的。但是他在二十八中的工作却是不顺利的，遇到了意想不到的困难和非议。

那年我参加高考的美术加试后，七月底从北京返回哈尔滨。因为“反右”运动的影响，中央工艺美术学院第二届新生入学的时间推迟，要到九月下旬才能报到。这一段是我和盛寿考相识后，交谈得最多的时间。因为我要走了，惜别的心情总是难免的。几年的友好相处，使我们彼此更加了解和信任，当彼此遇到不愉快的事情，能够相互理解和帮助，排解困惑和疑虑，精神上得到安慰。

在这段时间里，盛寿考思想上受到了未曾经历过的挫折。生活中的困苦和艰难，对他来说已经习以为常，并不会觉得苦恼，他有很强的适应能力，只要想办法接受和克服就可以了。但是他从未经受过政治上莫名其妙的打击，无情的批判以及没完没了的检讨，这在感情上使他难以接受。

他最初是怀着极大的热情到二十八中担任美术教师工作的，他希望自己能教好美术课，开展好课外的美术小组活动，扩大学生的知识领域，让学生掌握最基本的美术技能，培养更多的美术爱好者。但是，他任教的这所学校，美术课根本不受重视，课程表上美术课的安排形同虚设，随便就可以取消，改成其他课程，安排其他活动。本来满腔热情认真仔细备好的课，校长或教导主任可以随便撤掉，使得他心中很不是滋味。

在学校里让他整日忙不过来的不是上美术课，而是帮助工会布置宣传栏、画招贴、抄写会议通知、统计考试成绩、刻印总结报告等等。下班之后，也是忙得不可开交，他心里像长了草一样，想的是给同学们上美术课。他之所以选择担任美术教师作为自己的终身职业，其初衷是对美术教学怀着极大的兴趣。他喜爱这一职业，愿意培养学生们对美术的兴趣和修养。可是事与愿违，他没能去完成美术教师应该做的事情，做的却是杂务工作，因此，他心里总是想不通的。

在春天开始的整风运动初期，号召给学校领导提意见。他还是有点自知之明的，知道自己是高中刚毕业的新教师，本来不想发言提意见。但是，领导一再动员，点到他的名，他只好如实地，但又是平和地把意见说出来。

他本着负责和诚恳的态度提出了建议，希望学校领导能够重视美术教育，按照教学大纲进行教学，不能随意停掉美术课，也不能随便用政治课取代美术课，应该按课程表上课，这关系到学校管理规范和学生培养的问题。他在美术教育方面是有志向、有理想的，心里很是想不通。调到江北三十一中之后，还借画竹笋来抒发心中的压抑之气。（见图6-1）

图6-1　有志向（中国画）　16.9cm×23cm　1958年

使他很难理解的是发生在身边的事实，最初领导发动大家提意见，还说什么“知无不言，言无不尽。言者无罪，闻者足戒”。他真诚地给学校领导提出意见，没想到他的发言居然被逐步上纲上线，认为他的发言是否定学校教学成绩，攻击学校领导不懂美术，是瞎指挥，这实际就是反对学校党的领导，属于右派言论。虽然没有被划成右派，却严厉地要求他做了几次检查，而且还对他进行了批判。

当时我也很不理解，因为他提的意见没有错，怎么能进行检查呢？事先都已经说了“言者无罪，闻者足戒”，就因为几句实在的话而获罪，这不是无罪遭怨吗？听到正确的意见，不但不改，反而倒打一耙，说人家是右派言论，还有没有道理了。面对如此违背常理的逻辑，他心里很明白，没法讲理，不断告诫自己不能去正面对抗，要有耐性，要忍。（见图6-2）

盛寿考很怕因此失掉工作，家里还要靠这点工资维持生活呢。他只好违心地承认思想片面，首先检查自己眼光狭窄，“看不到革命的大局，站在小我的立场上，只知道强调美术课的重要，这是没有革命全局观念造成的，是只专不红的结果”。今后决心要“加强政治学习，提高阶级觉悟，认真改造思想，不再乱提意见”。

所幸的是，给学校领导提意见的教师年纪都比他大，意见也都比他尖锐，相形之下盛寿考则是“小巫见大巫”；另外也念其“年幼无知”，高中刚毕业，才年满二十岁，政治觉悟不高，批判之后好像不了了之，以为总算是逃过了这一劫，其实事情还没有完结，变换方式的处罚还在后面。

图6-2　有耐性(中国画)　16.9cm×23cm　1958年

盛寿考在艰苦生活的磨炼中，直面困境从来都是平静应对的，乐观而充满信心接受的，顽强地克服困难，从来没有消沉过。但是这一次的挫折确实使他手足无措，很难接受，思想上受到残酷的打

图6-3　别翘尾巴(中国画)　18cm×29.3cm　1958年

击。他说：“这件事情还没完，书记说了，要我长期注意思想改造，不要自以为是，要夹着尾巴做人，我真不知道该怎样进行思想改造，我从来没有尾巴可翘，也不知道最后对我如何处理。”就是在这之后，他陷入思想苦闷和彷徨之中，还画了一幅翘尾巴的鸡，没有题写文字，一直保存在我这里。（见图6-3）

我在离开哈尔滨之前，去曾耀宗老师家告别，没想到曾老师也是因为整风中对美术教育认识和地位提出自己的看法和意见，险些被划成右派分子，同样遭到严厉的批判，后来还被降级处分。我把盛寿考的情况告诉她，引起了她的情绪激动，她说：“还有没有道理了？盛寿考的意见都对，一点也没有错，美术教育应该重视，不能弄成可有可无，将来咱们国家的教育事业得到更大发展的时候，美术教育会更重要，不能让这帮没文化不懂艺术的人在学校里瞎指挥。咱们走着瞧吧！”

曾耀宗老师的为人和性格是耿直倔强的，她本来对自己挨批判就很气愤，听到盛寿考也同样受到委屈，更是愤怒。她说：“我最了解盛寿考，他是个老实人，出身又好，不就是想做好本职工作，教好美术课，他不会反党。让人提意见，不提还不行，提了就扣帽子，狠批判，这叫什么事儿。”曾耀宗老师很顽强，根本不服气。她的这一席话，我没敢告诉盛寿考，只是希望他以后少说话，保持“静观默想的状态”，等候下一

图6-4　朔风稚子难飞（中国画）　25.8cm×14.8cm　1957年

步发落，但愿不要失掉教师的工作，还要靠这点工资养家糊口呢！心里再委曲，也只能受着了。

我在9月21日晚上乘火车离开哈尔滨，22日到北京报到入学。

离开哈尔滨的前一天，盛寿考到我家来和我告别。他说：“学校已经开学了，课程表上排了美术课，但没有具体写我的名字，其实全校美术教师就我一个人，也不知道怎么回事儿，好像更不重视美术课了。以后不敢再提意见了，因为提了也没用，反而变本加厉，这又何必呢。但是，作为教师备课，我还是照样进行的，这是本职工作。我心情很不好，不想影响你，我就不去给你送行了。送君千里，终有一别，好在学校有假期，明年回来还可相见。临别也没什么送你的，我想你不会怪我，这本胡蛮著的《中国美术史》送给你，本来借给你考学用的，你又还回来了，你拿去比我有用，这次送给你，希望你多读几遍，到美术院校学习，更应该重视美术历史和理论的学习。”

他还送给我一张小画，是他最近在心情压抑的情况下完成的。画上题写了“朔风稚子难飞”六个字，他什么话也没说就放在桌子上。这是他画的第一幅以小鸟为题材的水墨画，画中是一只羽毛尚未丰满的瘦弱的小鸟，在寒风中站立在枯枝上啼鸣。这幅画在一定程度上反映出他当时的心理状态，有失望，有痛苦，也有无奈，这是他在画自己的心绪，同时也在告诉我他当时的处境。(见图6-4)

图6-5　霜下的秋菊（中国画）　18.3cm×30cm　1957年

第二天晚上，我的同班同学牟柏林和孙育斌等几位好友送我到火车站。

这是我第一次离开父母远去他乡，哈尔滨深秋的夜晚显得十分凄清，在暮霭沉沉中，感到说不出的苍凉。此去经年，天高地远，岁月蹉跎，离愁别绪被厚重的夜幕笼罩着。当列车徐徐地启动，开始离开火车站，我招手向同学们道别的时候，心里想着盛寿考对我的嘱咐：“要多看看，多听听，多想想，一定要少说话，默默地学专业吧。”

我更惦记着的事，是下一步学校将会如何处置他。

最近我在整理他的画稿时，看到几幅很小的水墨画，都是那段时间画的，真是百感交集。这样好的一个青年，全身心地投入工作的第一年，遇到的便是如此这般的打击，如同遭霜打一样，他只有通过画来表达自己的心情了。(见图6-5)

从此很长一段时间，他陷入沉默之中。

七、在困顿中适应环境

1957年9月22日我抵达北京，到中央工艺美术学院报到后住下来。学校举行了开学典礼，还没有上课，便开始了参加国庆游行文艺大军的排练。我第一次参加这种活动，心里十分高兴，但还是挂念着盛寿考，盼他的来信，想知道学校对他最后的处理。但是，他每次来信总是寥寥数语，或是介绍去我家的情况，告诉我两位老人都很好，让我放心，安心学习，不要挂念，等等。我给他写信，又不便多问他的处境和工作安排，他如今在学校处于受审查的地位，怕信被检查或是丢失了，会给他和我都带来麻烦，也只能是简单问候。

国庆节后，我们学校正式上课，一开始是美术基础课的素描和色彩。同班同学中，从美院附中考进来的近三分之一；另外还有几位原来是部队或文化馆的美术工作者，大多受过比较系统的素描和色彩训练，或是有较长时间的绘画实践，成绩很明显地高于从普通高中考进来的同学。

我们读书的那个年代，普通高中是不分文科和理科的，文史地和数理化每门功课要求所有学生都要学，课程的分量是比较重的。高中根本就没有美术课，学素描和色彩只能是在课外，所以训练时间极为有限，基础也就自然比较薄弱。在我新入学的这个班里，我很清楚地意识到，自己在这两门功课上与其他同学相比差距是很大的，排在后面几名，最初不知如何赶上去，有些着急，很是苦恼。

在学习问题困扰的情况下，给盛寿考的信中不免有所流露，他很敏锐地察觉到，破例给我写了一封很长的回信。他认为出现这种情况是很正常的，“普通高中学生的美术基础，是三年课外以自学为主的素描和色彩的练习，怎么能和美院附中四年课内正规训练的学生相比。现在都站在同一起跑线上，实力的差距是显而易见的，开始你必然是落后的，应该给予正视”。

他希望我能冷静下来，清楚地意识到，“五年的本科学习，不是短跑，而是长跑，是有机会赶上去的。目前的关键是要认识问题的所在，进而考虑如何解决。这里包括建立正确的训练观念，从观察方法和表现方法入手，掌握正确有效的方法，逐步深入下去。注意千万不能操之过急，记住古人的话‘欲速则不达’，这是千真万确的，要扎扎实实把基础打好，从长远的发展考虑，这是最重要的”。

在信中他还提到我们在1956年时，一起看《辽宁画报》封三上刊登的鲁迅美术学院附中的一组素描作业，我们相互讨论的情况。为了很好地向别人学习，我们把自己画的素描和这组作业比较，寻找对素描认识的具体表现的差距。当时我们俩的意见比较一致，认为我们的素描轮廓还是比较准确的，能把握基本形，但缺乏体积的概念，虽然也画了明暗关系，但多是从局部出发，没有构成形体的整体效果。

我们当时感觉最欠缺的是对素描训练认识的差距。看人家画的石膏像，不但有形体和空间，而且还有光线的表现。特别有一点我们同时感到，却无法表述的，是人家的素描画得生动自然，我们画的素描却是严格拘谨。自己也意识到有些呆板和僵化，不及人家的漂亮，也就是缺少美感。因为无法表述，最后说我们的素描还缺少“素描感”，实际上是观念和方法都存在问题。

他的这封信写得很长，主要提到当年讨论素描的往事，但没有一句谈他自己的现状，完全是就我在学习中遇到的问题谈他的看法，还有他认为应该怎样解决的做法。他特别强调要树立信心，没有信心的努力是没有强度的。其次养成在努力中不怕困难的苦心，经受痛苦的磨炼才会茁壮成长。同时还要有长久努力坚持下去的恒心，持之以恒必将有所收获。

后来我回哈尔滨的时候，在交谈中说到这封信对我学习的重要作用，他说这也不是他想出来的，还是从书上读来的，这叫“三心下定，事方有成”，这“三心”就是信心、苦心和恒心。我至今一直记住他这段话，觉得很有道理。他在同学中之所以有威信，是因为在同龄人中，他的思想是有深度的，不是就事论事，而是能看得比别人深，想得比别人远。

他到江北三十一中之后，处境慢慢地得到改善，心也平稳下来。他不甘于这种平静的日子，过得太闲散了，忘了该怎样活着。为了提醒和督促自己，他画了一幅羽毛丰满的小鸟，精神焕发地站在树枝上歌唱，题写的文字是“汝饱食终日无所用心何怡也”。这幅画与上一幅“朔风稚子难飞”中的小鸟相对照，蕴涵的寓意完全不同了。

画中羽毛丰满的小鸟，是为了告诫自己不要吃饱了无所作为，也别到处瞎叫唤。这幅水墨画虽然很小，但画得很精彩，形神兼备，笔墨技法也很熟练，关键是挺有提示作用的。他见我喜欢，很高兴地答应送给我。因为画要送人，他习惯在画上题字，所以又补题了一句“此句喻我非君也，见存善兄”。我知道他很客气，实际要说的还是：咱俩都别吃饱了无所事事，要做个有心的劳作者。（见图7-1）

他在工作之后，开始关注和了解大学生的学习生活和学习特点，经过一段思考之后，在信中和我讨论关于学习的问题。他认为：“在大学里，特别是在美术院校，不仅要向老师学习，而且要善于向同学学习。每个同学的特点都不同，都有各自的长处，可以从中得到启发，以认识自身。从同学那里学到你最缺少的东西，可以丰富你的学习方法，也可以学到知识和技能，在学习的基础上发挥和形成自身的特点。”

他在信中告诉我，多抽时间看看美院附中毕业的同学是如何画素描的，看不明白的地方就多请教，这不

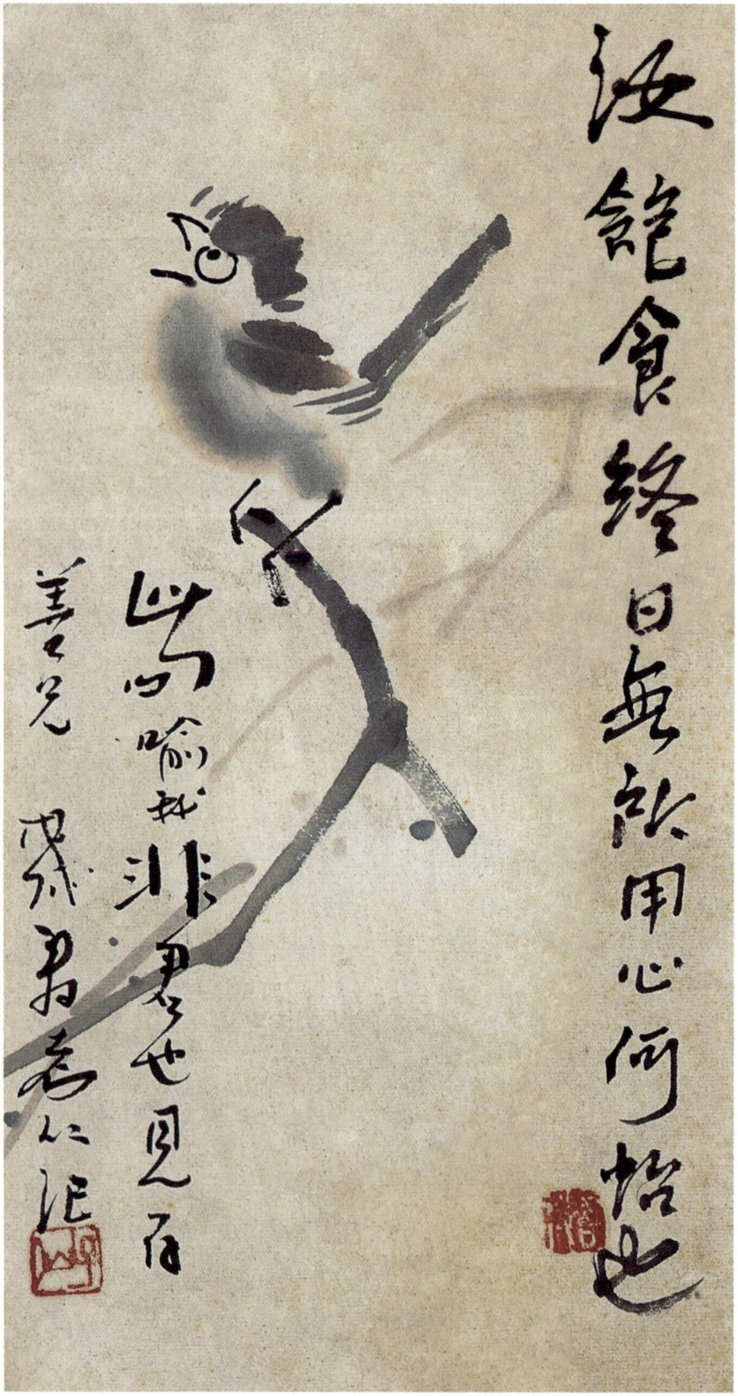

图7-1 饱食的麻雀(中国画) 27.8cm×14.8cm 1958年

丢人，只要你诚心地学，人家会教你的。他的这种思想影响了我，在学习中我虚心地向同学求教，不断得到同学们的帮助，素描和色彩获得很大的进步。

他虽然没有条件上大学，但他接触了很多大学毕业的老师，向他们了解大学生学习的特点和方式，从中吸取营养来丰富自身的学习方法，也在摸索中形成和建立自己的一套学习计划。

在他给我的信中，讨论过大学生和中学生学习的根本差别。他认为，中学的学习基本是被动式的，是教师给予，学生接受。在中学只要上课认真听讲，思维活动纳入老师讲授的内容之中，并加以记忆和消化，放学之后做好作业，不用顾及教科书以外的知识，考试就能取得不错的成绩。

但是在大学就不同了，学习的内容除了教材规定和教师讲授之外，更多知识的掌握和能力的提高是靠自身的主动学习。要有点研究的精神，学会研究方法，逐步探索，独立思考，也就是平时常说的那句话：“师傅领进门，修行在个人。”说来容易，实际做起来很不容易，关键是自己要好好“修炼”，学业才能有所成。

他希望我在学习中要建立起一套适合自身特点又切实有效的学习方法，形成自己的学习特点，从而取得优秀的专业成绩。他曾经在信中写到，担任美术教师工作后，他正在努力探索建立起适合自身特点的学习方法。他还制订了学习计划，包括艺术实践和教育理论学习，读书、画画、书法、篆刻、手工艺和写作等几个方面，他真的就是按计划去完成的。他认为没有机会进大学深造是遗憾，但是并不会因此而终止一个人的知识获得和能力增强，成长的关键还是在于自强不息。

他虽然已经离开这个世界四十多年了，当年与他相识和交往比较多的老同学和老同事，其中不乏像我一样对他的崇拜者，在谈到他的时候，都觉得他与众不同。他虽然很朴实、很刻苦，待人也很真诚，但总感觉他有点怪，真还有点超凡脱俗的味道。他虽然很用功，却极少功利色彩，他认为坚持自学并不一定非要成才，因为成才也没有个明确的标准，重要的是通过自学提高自身的业务水平，从而能够很好地完成本职工作。就其个人的理想而言，他认定的是成为一名称职的美术教师，但必须是名副其实的称职的美术教师，别人封的不一定准确，要自己认定的才算数，因为还是自己最了解自己。

当年，他和那些“胸怀大志”、刻苦学习就是为了“成名成家”的同学不同，他的理想朴素得很，却从来没有影响他在学习中的进取精神。他坦言，一个人在热爱的专业领域里，如果自认为还有一点天赋的话，就应该坚持不懈地努力发挥这一点，再加上有点“悬梁刺股”的精神，长年累月劳作不息，是可以为社会作出一定贡献的。他认为，严谨而开阔的思维方式，坚韧的学习自制能力，在艺术学习上所表现出的敏感和才能，都是不可缺少的，这一切要在生活和专业实践中养成，要在强化意志的过程中去完善。盛寿考确实在平凡之中显示着与众不同的思想品格。

他很羡慕我能在人生最好的年华，进入全国美术教育的最高学府，师从国内著名美术教育家，接受严格而正规的艺术教育，他认为这是我一生的幸事。这些对于他来讲是可望而不可即的事，因而就不必去望了，就像鲁迅先生说的那样，“于是选一条似乎可走的路再走”。

前几年读黄永玉先生的《汗珠里的沙漠》时，看到其中写的一段话：“没进过美术学校的画家快乐而自由；美术学校毕业的画家严格而准确。这跟结与没结过婚的人的经验一样，都互相羡慕。”虽然我们都不是画家，都是“艺术学徒”，却还是互相羡慕的，不同的只是各自有各自的选择，寻求在不同环境和条件下，建立不同的学习方式和方法，各自在适应环境中，去发挥创造精神。

在难忘的1957年快要结束的时候，我收到他的信，告诉我说，他听到学校老师私底下传的消息，明年他肯定要调离工作，是到偏远郊区农村新建的学校。信中还附了一张小幅的画，也可以说是一帧大幅的贺年卡，画着两个柿子，这是他在很不顺利的处境中为我画的，希望我能“事事如意”。（见图7-2）

这幅小画我一直保存到今天，五十二年了，每每看到这幅画时，就会感到了一颗善良的心的永远祝福。

图7-2 事事如意（中国画） 27cm×16.5cm 1957年

八、寻找精神家园

经过了将近一年的时间，盛寿考过着一种没着没落的日子，看着领导的冷眼，感受着老师们同情的目光，心里还不知去向，真有一种说不出的滋味。那时他的情绪很低落，跟我讲过当时的心情：“听人说过‘软刀子割头’这句话，原来不知道是怎么回事，可能就是如此，真够难受、难挨的了。”老天有眼，终于在1958年的秋季开学后，他离开了二十八中学，来到这所新成立的哈尔滨三十一中学。

他到新的环境生活之后，寄给我一封信，信封中装有四张比明信片还小的水墨画，包在写着“闲课”二字的护封里，其中有题名为“秋来也”、“中秋图”、“我处风趣”、“我居此屋图”的画，画幅虽然很小，但很有情趣，可以看出，这里的一切都强烈地吸引着他，他后来才意识到，这就是他要寻找的心灵的绿洲。（见图8-1）

他报到的初期，主要是参加建校劳动，修整原有的旧房屋，建设新教室，配合建筑工人做一些辅助性的体力劳动，每天都很累，很少上课。他还记得在调离二十八中时，他所想的是尽快换个环境，离开那些不愉快的事与人，到新的地方去重新开始新的生活，即使再艰苦，也绝无怨言。

他暂时放下了进修和作画的计划，全身心地投入到劳动中。他心里很明白，这是为远离城市的孩子们建设校舍，也是为自己今后栖息的地方营造环境，他是欣然参加并尽力而为的。建校劳动也作为消解过去一段不愉快的转折点，他心平气和地劳动着，熟悉新的工作环境，接触和认识新的同事。

这所学校在远离市区的松花江北岸，地处偏僻的农村，是一所以废弃的旧庙宇为基础，正在整修扩建的中学，当时只招收了初中一年级四个班的学生。他的这幅《最初改建的学校》水彩画，是1961年秋天画的。这是经过几年的修整和扩建后，初步建成的三十一中学整体面貌。(见图8-2)

盛寿考初到这里，一切对他来说都很新鲜，和原来所处的环境截然不同，感觉置身于清新而自然的气息中，心情开始慢慢舒展。他下意识地感觉到，生活可能会出现转机，在人们辛勤劳动和友好相处中，感受到

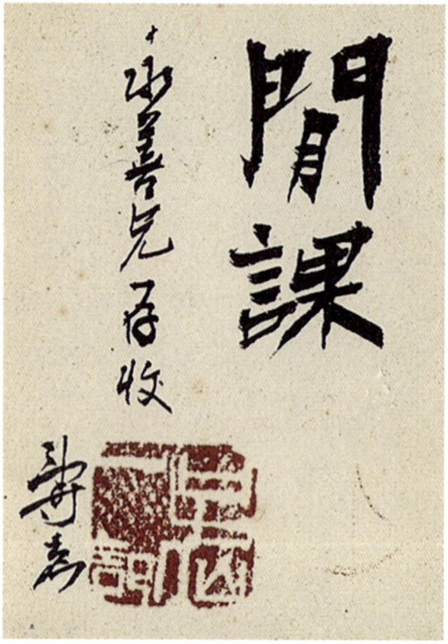

图8-1　闲课 11.8cm×7.8cm 1958年

（1）秋来也 11.8cm×7.8cm 1958年

（2）中秋图 11.8cm×7.8cm 1958年

（3）我处风趣 11.8cm×7.8cm 1958年

（4）　我居此屋图 7.8cm×11.8cm 1958年

图8-2 最初改建的学校（水彩画） 19cm×26.3cm 1961年

人间的温暖，虽然是处在秋风清冷之中，但仿佛春天即将降临。新的学校虽然与城市里的学校不同，这里近乎偏僻和闭塞，散落的农家小屋，无序地分布在灌木树丛边。眼前是一望无际的田野，池塘秋水清澈，蒲草繁茂；渠水潺潺，常见小鱼游过；这里虽不是世外桃源，但充满着宁静的田园气息，使人感到亲切和温馨。（见图8-3、8-4）

这所郊区农村中学是盛寿考今后工作的新学校。各方面的物质条件要比原来在市里的学校差得多了。在这之前工作的二十八中原本是一所苏联中学，后因侨民迁走，改成中国学校，校舍是俄式楼房建筑，设施条件都很好，还有室内篮球场，在当时也是极少见的。

从原来市里的楼房、暖气、自来水，到如今简陋的旧庙、火炉、井水，一切都出现了很大的落差。他并不留恋城里的物质生活条件，庆幸终于摆脱了使人精神上感到压抑的工作环境。他如今看着眼前的环境和景物，感到很踏实，心平气和，无形之中隐隐地透着一丝超然世俗的感觉。

他在这里平静地开始了新的生活。虽然劳动比较辛苦，但这里很少开会，校长想的和大家关心的是尽快

图8-3　红瓦黄叶（水彩画）　16.6cm×24cm　1958年

建成教室，好让学生有地方上课。最使他感到愉快的是没有人再冷言冷语敲打他了，教职工所谈的是以后学校如何发展，人们对未来都充满信心。他置身于新的环境中，一切都将重新开始。

“反右”运动过去的一年中，他被整得身心疲惫。如今不同了，在新的环境中不仅精神可以得到憩息，更使他欣慰的是他能够愉快地工作，还可以自由地画画和读书了。

绘画是心灵活动外延的一种特殊形式的反映。他到江北三十一中后，一切都发生了新的变化，自然环境、工作环境和人际环境的改变，不仅可以明显地看出他的心情转变，而且他在绘画习作的表现方法上也在开始转变。从这之后，他画的许多习作中，都可以看到，他逐步摆脱了以往比较习惯的模仿和重组画法，进入自主构思表现的创作状态。对现实生活中的景物，不再简单直接地描绘，而是经过创造性的构思，将以往积累的审美经验，融入到绘画中，从写境进入到造境，个人绘画习作的风格开始初步显现出来。

三十一中校长高旭阳是教师出身，朴实忠厚，与人为善，不主张整人，和教师们一样也住在庙里，和大家一起劳动。书记曹觉和副校长阎振英很欣赏盛寿考的才华，以朋友相待，相处是比较平等的。还有一位刚从师范学院毕业，分配来教物理的金满盈老师，和盛寿考同岁，他为人忠厚、随和，因为也是单身，都住在

图8-4　学校附近的水渠（水彩画）　19cm×24.2cm　1959年

学校里，与盛寿考朝夕相处，成为很好的朋友。良好的人际关系，辽阔美丽的江北大地，使盛寿考心情豁然开朗起来。

居住和教学条件差一些没什么关系，他本来就是一个苦孩子，对生活的适应能力非常强。他认为只要心情愉快，工作顺利，能有时间读书和画画，就会感到满意，更何况这里的自然环境使人心旷神怡，那是在市区不可能感受到的。

他到三十一中之后，已经是深秋天气了，早晚开始凉起来。他住在大庙改建的宿舍里，还没有生煤球炉，晚上睡觉感觉有些冷，但心里却踏实多了。同事们都相处得很融洽，虽然这所学校是初建，而且是在农村，但调到这里来的教师业务能力都很强，多是那种专心工作的人，没那么多是非之事，自然也就有说有笑，气氛和在市里时完全不一样了。

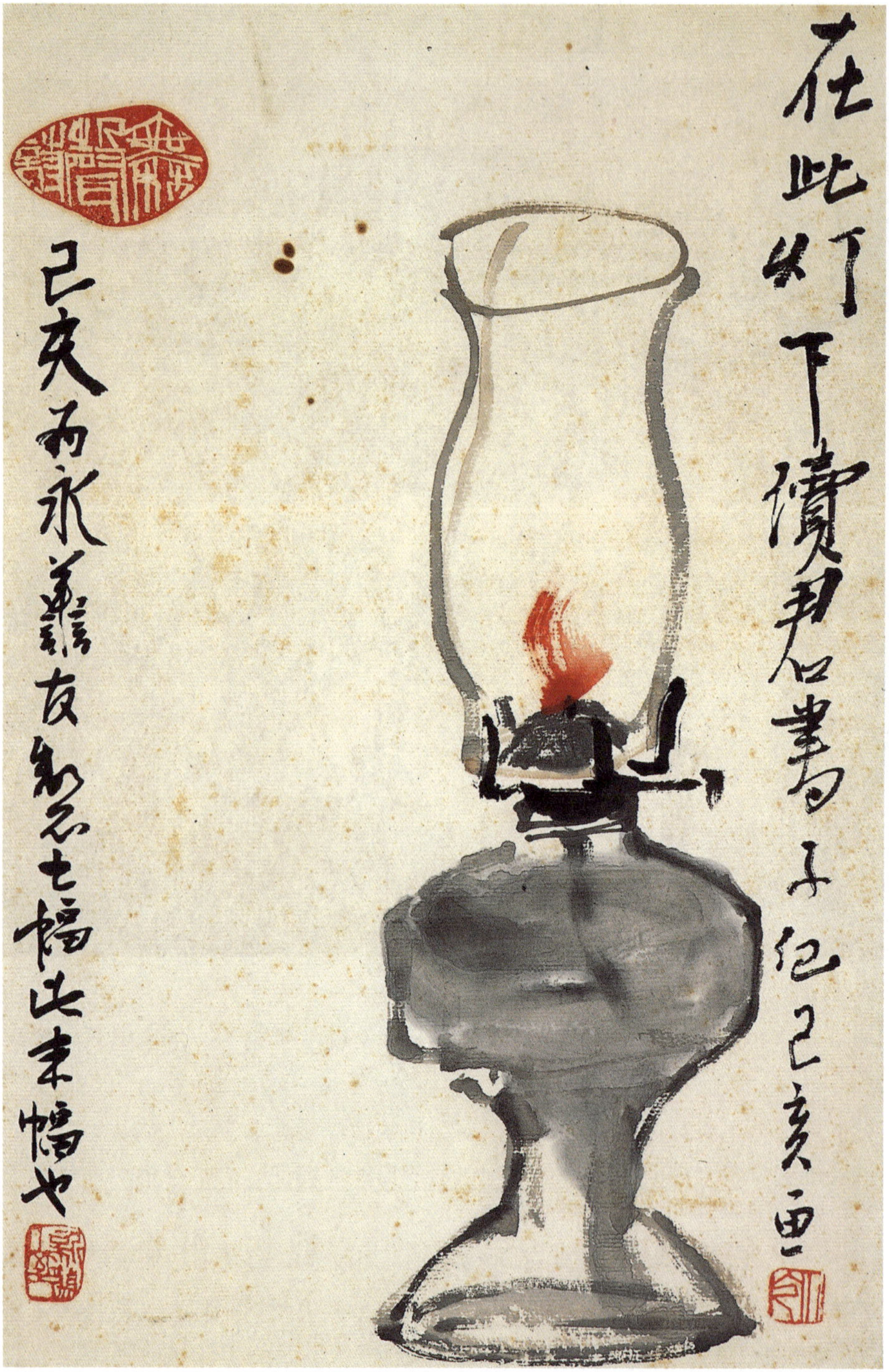

图8-5　在此灯下读君书（中国画）　29.4cm×19cm　1959年

虽然劳动一天之后很累，而且当时住处还没有安装电灯，但吃过晚饭后，他总是在蜡烛或煤油灯下看书、写信。也就是这段时间，在给我的信中，寄来一张小幅写意国画，上面题款写着：“在此灯下读君书”，这是他初到江北三十一中的生活写照。（见图8-5）

当时我开始发现，他的来信逐渐多起来，我也利用星期天及时给他回信，所谈的无非是学习和读书的事情。随着我到学院学习的深入，不断向他介绍正在学习新的课程内容，还有在中央工艺美术学院的见闻，以及在北京参观美术展览的心得和感想。

他初到江北时，一切都还有些不太习惯。建校劳动之余，对学校的周边环境进一步熟悉后，经过了一段时间，开始对这里产生了很大兴趣。虽然过去他从来没到过这里，但他却“感到一点也不陌生”，反而觉得很亲切。休息时围着学校的乡间小路散步，极目反顾，处处都透着一种质朴和自然。几年后他曾和我谈到过，到江北后不久，就预感到可以画出有意思的画来。

盛寿考在江北，一面从事教学工作，一面坚持学习绘画和有关美术教育方面的知识和理论，他爱好古典文学，一直没有间断地阅读《论语》和唐诗、宋词，之后又读《老子》和《庄子》。他对自学这条道路有比较冷静的认识，对困难也有充分的准备。他认为：“自学需要更坚强的毅力，只凭热情是无法坚持的。”因为会遇到各种困难，他说：“我虽然刚性不足，但韧性还是有的，决不会退缩。”在自学的道路上，他度过了充实的九年时光，直到告别这个世界。

在三十一中学的美术课教学同样不被认识，不被理解，也不受重视的情况下，他仍然热爱着美术教师的工作。他接受了教训，懂得了正视现实，这不是一个学校的问题，知道自己这点微薄的力量是改变不了整个现状的，不再提意见了。他学会了讲究策略和方法，考虑实际效果，采取随遇而安的态度，只要排课，就尽力而为把课上好，但同时他决不放松课外的美术教育。他不仅把课堂教学完成好，同样在课外组织美术小组，引导爱好美术的学生画画，教他们学会欣赏美术作品，丰富课外文化生活，让他们在同学中发挥作用，去影响更多的学生。他认为这也是美术教师的责任，是应该尽职的。

他说这是读《论语》，从孔子那里学来的，要“敏于事而慎于言”。

在教学实践中，他明确地意识到，教好中学的美术并不容易，教好农村中学的美术就更不容易。他希望经过努力，探索出适合农村中学特点的美术教材，设计出课程来，进行教学实践。通过反复教学，不断修改和充实，一定会越来越符合实际要求，达到比较理想的水平。

他从教之后，一直觉得自己在美术教育理论方面是欠缺的，一定要补上去。虽然曾耀宗老师也给他讲过一些，但那些内容大多适合城市的中学美术教育。要探索建立适合农村中学的美术教育，应该首先和学生们接触，了解情况，再初步拟出具体方案，在教学中去探索，去实践，去总结，这项任务是很重的。

在工作中，他一直是振作和勤勉的，安于职守，喜欢琢磨工作和学习中的问题。他总想在农村中学的美术教学中找出一点可行的方法，使农村的孩子也能学到美术方面的知识。在他去世许多年之后，当年他教过的学生谈起盛寿考的时候，都认为“盛老师不容易，为了美术课教学，千方百计，他很操心，也很辛苦，他是一名称职的好老师”。

三十一中学在松花江北岸，远离喧闹的市区，到市里去需要步行很长的一段路，才能到江边的码头，乘船过江到江南的道外区，然后乘电车才能到市里的商场、书店。所以，平时他极少到市区去，只是偶尔要办事，或是去我家看望老人，星期日才过江到市里去。

冬日的松花江是冰雪的世界，过江到市里去，是从冰面上徒步走过去的。遇上风雪交加的日子，顶风冒雪到市里去是件很辛苦的事。最困难的是初冬江水刚结冰，或是初春江上冰层开始融化，江面既不能行船，也不能行走，只能绕三个多小时的路，从江桥上走过去，这两段时间，他都是蛰居在大庙改建的学校里，读他的书，画他的画。

他初到江北的时候，可以说是居无定所，住处都是暂时的。

学校新的教室平房建成后，在走廊的尽头，隔出一间小屋，他用木板搭起一张简易的床，放置一张课桌和板凳，对此他很满意，他有了固定的住处。有了属于自己支配的空间，他给这间不成其屋的屋起了一个名

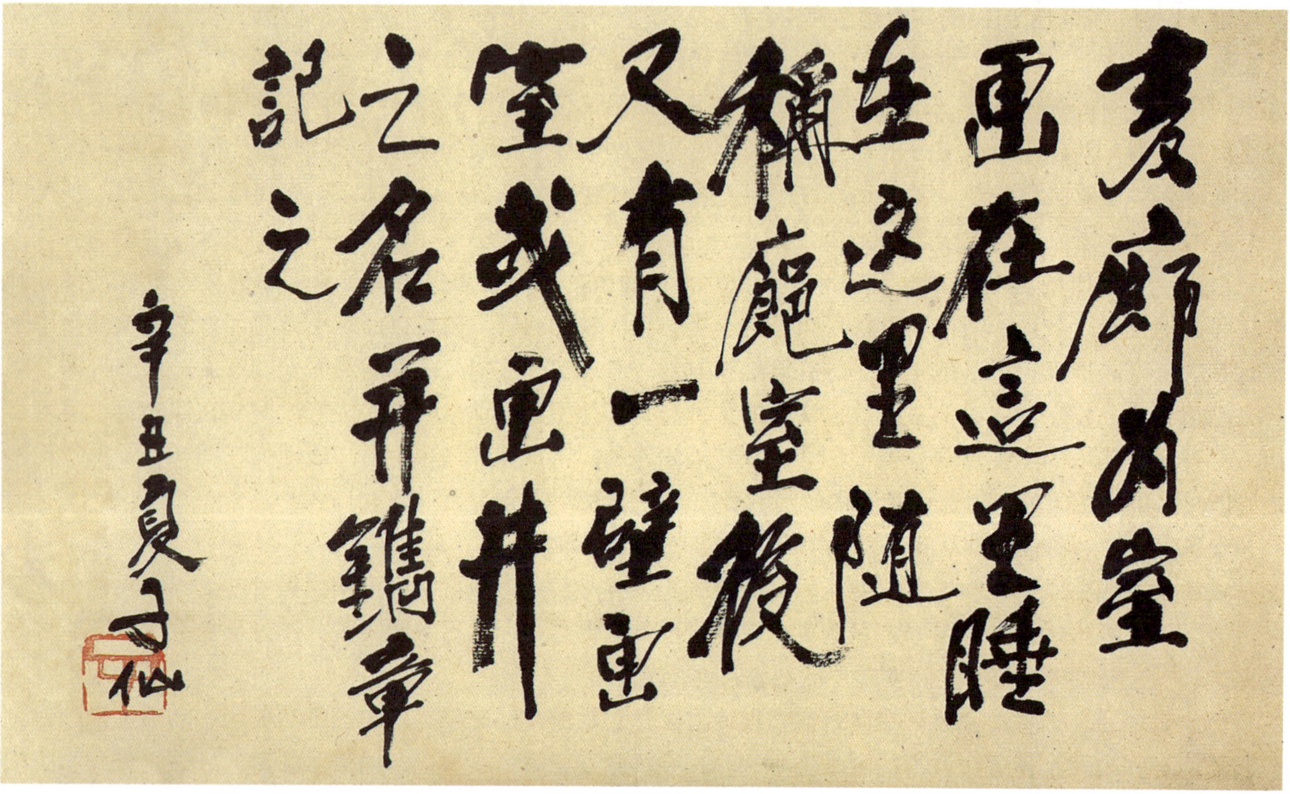

图8-6　自题廊室铭(书法)　23.2cm×35.5cm　1961年

字，名曰“廊室”，并为此题写了一幅字，内容是：“变廊为室，画在这里，睡在这里，随称‘廊室’，后又有‘一壁画室’或‘画井’之名，并镌章记之。”（见图8-6）

盛寿考对他的“廊室”是很有感情的。他的身上有一种朴素的诗人气质，总是会诗意地理解他所喜欢的周围风物，以及属于他的“廊室”。他说：“我现在才开始真正理解陶渊明在《归去来兮辞》中的那句‘审容膝之易安’的心情和深层意蕴了。”

1969年我回哈尔滨，和他的学生李时同行，一起去给他上坟。回来后，在李时家里，我看到了他生前填写的关于“廊室”的词，于是把它抄录下来留作纪念。

沁园春　廊室　（上阕）

小小廊室，一窗暮霭，满屋蛙声。画春草秋树，留住岁月；蓬草浮萍，怡然有情。世路艰辛，行程漫远，得此心灵憩息地。莫踌躇，时光总有限，默然前行。

我们在中学的语文课上学过唐诗和宋词，喜欢背诵那些最欣赏的篇章，但只是一种爱好。盛寿考不仅喜欢背诵名篇名句，而且还喜欢赋诗填词，写景物，写感受，主要是为了抒发感情。我读他的诗词，则是希望能理解他的心境，欣赏他对古典诗词的修养。从这首词能看到他很喜爱“廊室”这小小的天地，在这暂时属于自己的空间里，他可以静下心来作画和休息。他需要的是精神上的自由，因为只有精神上获得自由，才会

有抒发个人情感的艺术作品产生。江北自由的生活环境，令人心旷神怡，使他感到如鱼得水。（见图8-7）

三十一中学的校园建设，在校长的带领下，全校教职工参加劳动，学校的环境不断得到改善，越来越整洁规范了。盛寿考和金满盈都是这所学校最早的建设者，他们都是准备终生为这所学校服务的，因为他们对这所亲手创建的学校有深厚的感情。在盛寿考的眼里，这所简易的校园，不仅使人感到温馨，而且还充满诗情画意。他画过一幅水彩画，题名为“充满阳光的校园”，也就是“廊室”的外景，阳光下秋天里的灌木树丛开始变黄了，远处的乔木还保持着浓绿，交相呼应，预示着季节的变换。画面充满了安详与宁静的气氛，

图8-7　如鱼得水（中国画）　20.5cm×23.5cm　1963年

图8-8　充满阳光的校园(水彩画)　23.6cm×33cm　1963年

没有丝毫的浮躁和冷漠，心理状态是平实而淡定的。(见图8-8)

他的心情越来越舒展，因为他对物质条件从来没有过多的要求，只求在基本达到温饱的条件下，使其稳衡的志趣能得以实现，与生相伴的爱好和才能得以发挥。即使在很难达到温饱的三年经济困难时期，他也是心情平和地过日子。他更多的是希望精神上能愉快一点，思想上没有那么多的无形管制，政治空气别浓得让人透不过气来，课余能有时间自由地读书、画画，周围的人能友好相处，这也就足矣。他在磨炼中开始成熟，比过去更加沉静和稳重，随和而超然，说话也更少了，一切都淡然处之，全心全意地专注于学习和教学。

他说读《论语》时，记得有一段文字是孔子夸奖颜回的："一箪食，一瓢饮，在陋巷，人不堪其忧，回也不改其乐。贤哉，回也！"这段话说的是颜回的思想境界高，有修养，能超脱。他认为自己目前都达不到，但是可以慢慢地培养，诚心诚意地效仿，总可以逐步接近这种思想境界。

人需要有属于自己的精神家园，尽管每个人营造的精神家园并不相同，但这里都寄托着理想和爱好，也

图8-9　秋水霜叶（水彩画）　19.2cm×26.1cm　1959年

包括内心世界对外部环境的适应。尼采认为："摆脱人生的根本烦恼和痛苦有两条出路：一条是逃往艺术之乡，把这个奇异的世界看成是一种美学现象；另一条便是逃往认识之乡，这样，世界于你就是一间最合适的实验室。"

可以说，到新的环境后，他进入了一个新的精神世界里，他很满足，他开始调整自己，使自己的身心归合自然，周围映入眼帘的一切都是那么富有感染力。一簇秋日的灌木丛，一泓清澈的池水，都能唤起他美好的情感，他在这里逐步建起自己的精神绿洲。（见图8-9）

傍晚，他经常围着校园散步，从不同的角度观察和亲近这所学校，因为在最困难的时候，这所学校接纳了他。在这里他感到了人世间的温暖，所以有一种最淳朴的感情，驱使他不断地描绘这所学校。他从水塘的对岸取景，画了一幅学校傍晚时的水彩画。在晚霞的衬托下，作为校舍的庙宇，显得格外庄严肃穆。水塘边的树丛下，似乎有青蛙在唱着夏天的歌。这幅富有诗意的画，透露着他心中的脉脉温情。然而这又是让人无法接受的现实，就是在这一泓金色的水塘里，他结束了人生最后的旅程。（见图8-10）

图8-10　暮色中的校园剪影（水彩画）　19.2cm×26.8cm　1964年

盛寿考在这里度过了宝贵的八年时光，他对周围的一草一木都充满了感情。在春天到来的时候，他把自己所处的环境用诗描写出来，愉快地迎接春天。他写了一首五言绝句，后又增补为七言绝句，并且专门以书法的形式，写了一张寄给我。（见图8-11）

廊室咏春

断根几径池边柳，
斜枝一株庭前花。
等闲东君最有意，
年年此时到我家。

盛寿考热爱大自然，当他来到三十一中学工作之后，很快便融入这里的生活，感受到塞北农村的气息。松花江流域的大平原，到处都充满勃勃生机，以此为题，他写了几首诗，寄给在部队服役的弟弟盛寿柱。他

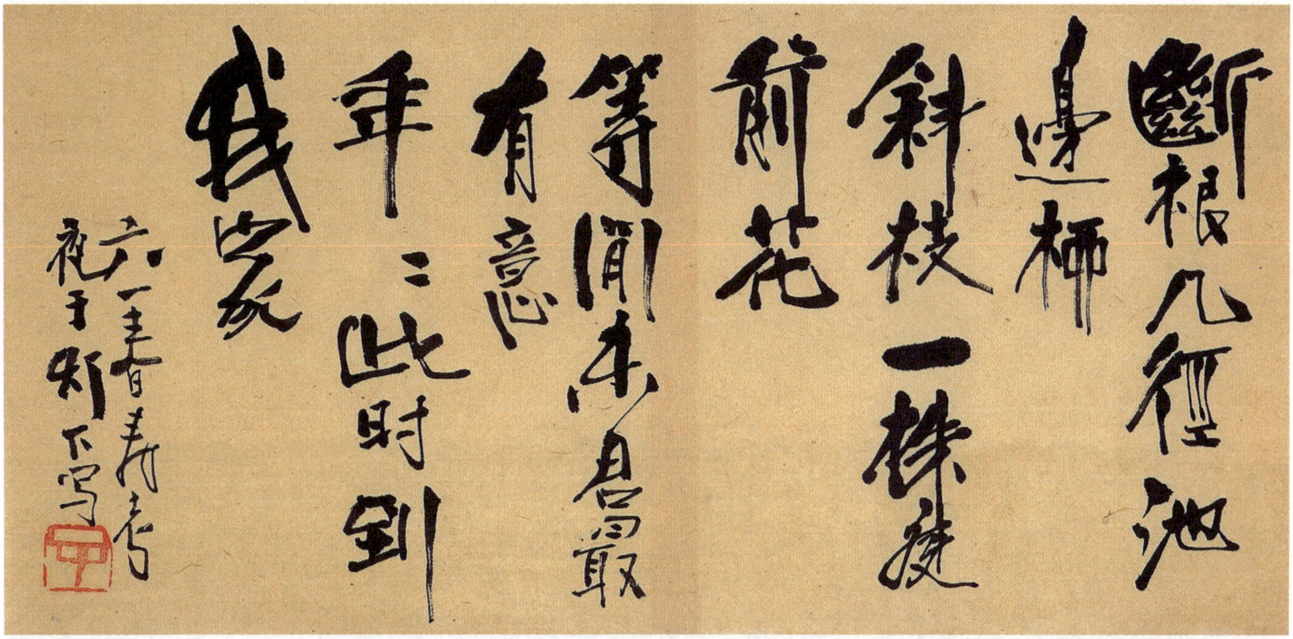

图8-11　春天的诗句（书法）　21.8cm×43.8cm　1961年

弟弟很喜欢这首诗，因为小的时候也曾在哈尔滨生活过，只是记忆被时间冲淡了，还是希望通过他的诗，领略塞北初春的感觉，所以一直保存着。

盛寿考去世之后，我收集有关他的资料时，盛寿柱抄给我两首诗，其中一首就是描写江北农村冬末的景物，抒发在严寒中企盼春天到来的心情。

松花江北的初春

雄鸡一叫天刚明，早有行人看天晴。
接地烟起四五缕，过顶鸦啼两三声。
村村杨柳争玉树，家家紫篱挂银屏。
莫道北国春意浅，色动松江一夜风。

1965年暑假期间，盛寿考第二次到北京来，住在我的宿舍，我们常畅谈至通宵达旦。他很自然地和我谈起，1957年“反右”后，原来所在的学校领导为了处置他，把他下放到远郊区的三十一中学，这是对他“乱提意见”的惩罚。最初他感到很委屈和压抑，情绪比较低落。发配到农村生活了一段时间之后，他不但没有为此感到沮丧，反而觉得如鱼得水。在郊区的农村，那里学校的气氛融洽，让人感到更加亲近大自然了，使他获得了成长的阳光、空气和土地，他说这就叫做“塞翁失马，焉知非福”。

他对我谈起工作之后的自学收获时很感慨，他说：“如果不到江北三十一中，我画不出这些画来，也不会生活得这么充实。至于这里生活条件艰苦，这是事实，但我从来没去多想。如果二者比较的话，城区还有

图8-12 遥望雨后的北方（水彩画） 119.3cm×25.8cm 1960年

许多方面不如郊区的农村，这里有多么好的空气，多么好的风光，多少可以入画的题材，这是市区永远没法相比的。”

他画过一幅题名为“遥望雨后的北方”的画，这是他到江北生活过两年之后的作品，把“雨过天晴云裂处”的色彩感觉，通过远处景物反映出来，别有一番情趣。看到这幅画，我们会很自然地感觉到，盛寿考此时的心情是开阔而晴朗的，已经进入到艺术创作的良好状态。（见图8-12）

爱因斯坦说得好：“苦和甜来自外界，坚强则来自内心，来自一个人的自我努力。”盛寿考在这里始终努力不懈，平静而愉快地度过了有限的却是有意义的年月。

他到江北执教之后，生活重新开始，感受和市里截然不同，极目原野辽阔，四季变换分明。他认为这里蕴藏着淳厚粗犷的美，很深沉，也很震撼。他喜爱这里的黑土地、红高粱、绿麦苗，也喜欢沼泽地里的芦苇和蒲草，更喜欢这所学校和学校里质朴的人。大自然张开双臂拥抱着他，田野和农舍都充满了人情味，在这里他的精神可以得到寄托，心灵可以得到大自然的感应。

他说：“我永远不会忘记初到江北的时候，当时还没摆脱被批判的阴影，惩罚性的调动工作，身处逆境之中。建校劳动之余，傍晚走在田边的水渠旁，听着淙淙的流水，仰望闪烁而会意的星星，心开始平复下来，从大自然无言的相伴中，仿佛得到巨大的安慰。”（见图8-13）

图8-13　水渠旁的人家（水彩画）　18.5cm×15.3cm　1959年

他那时心里感到一种难以言状的孤独和寂寞。最初给人的感觉是消沉的，慢慢习惯下来之后，学会了在寂寞中去感受独处的宁静与安详，重温过去时光中美好的记忆，倾听自己的心声，冷静地计划未来。应该说他真正学会了怎样面对心灵上的挫折，在困难的条件下，用无言来抗争，同时安排好自己的学习和生活。

他还说，我还忘不掉江北的太阳，那是在城市里见不到的，真是振奋人心。早晨起床后，迎着冉冉升起的朝阳，让人神采焕发，激动万分。傍晚夕阳西下的时候，红霞满天，江边升起薄雾炊烟，所展示的都是诗

图8-14　夕阳中的农舍(水彩画)　18cm×26cm　1960年

情画意。于是在盛寿考的国画和水彩画中，出现了为数不少的表现太阳的习作，都蕴涵着浓厚的情感色彩。（见图8-14）

当我问起他喜欢画太阳有什么深层含义时，他提到高中时与我同届的张秋萤同学。高二的时候，在《萌芽》杂志上发表的散文诗《潮汐拾零》中，有一句他很欣赏的话："理想是心灵深处的太阳。"每当早晨起来，他面向东方望去的时候，迎面升起的是一轮红日，在薄雾中可以注视，轮廓分明是那么完美。时至深秋或是寒冬，树叶脱尽之后，枝杈交错伸展，蕴含着顽强的生命力，在红日之下尽显其朴实无华的自然美，他敞开心扉道一声："早！"新的一天开始了。他表示，心灵深处的太阳对于他来说，只是刚刚升起。

这幅画如今悬挂在我的卧室里，当我凝视画中的太阳和树木的时候，既有对往昔岁月的追怀，又能感到友情的鼓舞和激励。我理解这言简意赅的表达：趁此好晨光，开始一天的劳作和学习吧！（见图8-15）

伟大的先哲庄子曾说过："天地有大美而不言，四时有明法而不议，万物有成理而不说。圣人者，原天地之美，而达万物之理。"他认真地学习先哲的思想，用心去体会，用心来认识世界、认识大自然。他确信一个美术教育家，必须要有深邃的思想，不只是去想，更要身体力行去实践。在这段时间里，他还在读庄子的书，曾写信告诉我读得很吃力，但很有收获。他希望我也能读一点，哪怕只读几段或几句都可以，仔细琢磨其含义，是会起到启迪和丰富思想的作用。

他的生活如波浪起伏后又归于平静，心情比以往更自然顺畅，不再被那些人间不应有的矛盾所纷扰，日出而作，日落而息，好像过着世外桃源的生活。闲暇的时候在学校周围散步，领略人文环境的内容。他明确地感到，庙宇近傍是识得人间烟火之处，从遗存的旧迹，想象过去在这里曾有人居住过，还留下了当年设置的板障子(木板栅栏)，木板整齐划一，加工安装也很规范，不像是农家院，倒像是失意或避世的人在此生活过。板障子的木板由于年久失修，已经倾斜，还有的木板脱落了，从学校内望过去，别有一番情趣。带着疑问和推测，他画下了这幅《谁曾在这里住过》。（见图8-16）

学校周围的景物在他的眼里都很有意思，抬头看到庙宇顶上落下的小麻雀，很自在地站在陶质的动物雕饰上，他会很天真地想到小麻雀胆子大，也饶有兴趣地画下来。(见图8-17)

低头见到水塘中不时有鱼泛起水花，偶尔有小鱼游到水边，还有红鲤鱼，游来游去很引人注目，这也是三十一中学的一道风景线，给池边散步的人带来快乐。盛寿考画过一张国画小品，上面题写着“池中小鱼浮上来啦，快看”。他又回到充满稚趣的童年的精神世界里了。(见图8-18)

图8-15　早（中国画）　60.5cm×32cm　1961年

图8-16　谁曾在这里住过(水彩画)　18.2cm×27.9cm　1959年

图8-17　屋脊的麻雀(中国画)　34.3cm×18.8cm　1959年

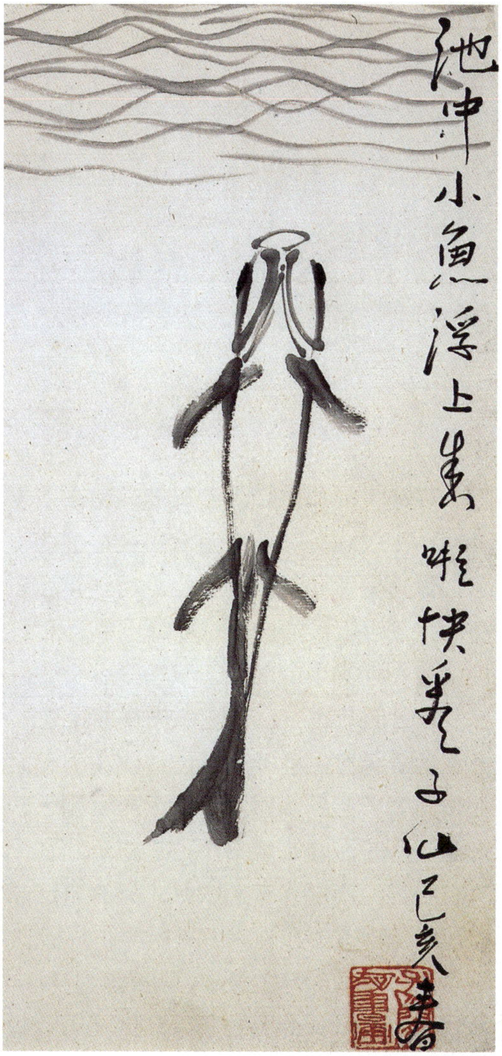

图8-18　池中小鱼(中国画)　29.4cm×19cm　1959年

九、随遇而安中求索

盛寿考的出身和经历，决定了他有比较强的适应能力，从小就养成了面对困难顽强生存的性格。他考上高中只读了一年之后，父母就返回山东老家了，他一个人开始独立生活。当时他只有十六岁，孤单无助的环境下，不仅培养了他在困境中生存的能力，并且养成了他适应环境、坚忍不拔、顽强奋争的精神，始终在心理上保持安然和向上的状态。尽管年纪还小，但作为一个独立的人，他开始学着安排自己生活和学习中的一切，并且为以后的前途打算，也就是人们常说的，学会设计自己的人生。

他在读高中的时候，我去学生宿舍，见到他的衣物极为简单，被褥也很单薄，问他冬天冷不冷，他说学校的宿舍暖气很好，睡觉的床靠着暖气，冷了往暖气上靠，过冬没有问题。

他夏天穿的衬衫只有一件，虽然已经旧了，但总是洗得很干净地穿在身上。听同宿舍的同学说，他在晚上和同学一起洗衣服，第二天早上别人的衣服还没干透，他已经穿上洗干净的衣服了。后来同学们发现，他洗的衣服是晾挂在烧开水的锅炉房，那里温度高，能比较快地干透，早上就可以穿了。因为他没有用来替换的衣服，又不愿意穿脏衣服，只有自己想办法了。虽然都是些小事情，但可以看出他平静地对待困难，尽可能地利用现有的条件来解决所面临的困难。

他在春秋天穿的外衣，也都很旧了，是初中时穿的，人长高了，衣服也就短了许多。他与我相识之后，到我家时，我母亲见到了，让他把短了的几件衣裤都拿到家中来，我母亲帮他把衣服的袖口和衣襟都接长，把裤子的裤脚也接长，放开裤腰。旧衣裤接上去的布条很整齐，颜色虽也相近，但总不能完全一样，由于都是旧布，已经褪色了，缝在旧衣服上，也还调和。他很高兴，说这也算是新式样，夸我母亲手巧，办法多。因为我的衣裤短了也是这样解决的，曾老师看了说：“出自一个母亲的手艺，补的衣服都像哥俩。”

他有一个小纸盒，是用旧报纸一层层糊起来的，外面糊了一层比较结实的牛皮纸，里面装着剪刀、锥子、针线、纽扣、顶针和碎布头，还有补袜子用的撑板。他说：“这是我做针线活的工具盒，咱们老家叫针

图9-1　竹燕旧稿（中国画）　17cm×23.2cm　1961年

线笸箩，是我母亲回老家时留给我的。”他的袜子和内裤破了都是自己补。我母亲让他拿到家里帮他补，他托辞说洗得不干净，这种简单的针线活自己能做，从来不拿给我母亲。他很诚恳地说：“拆洗棉衣时一定会拿到家里来的，因为我会拆、会洗，就是不会再重新缝起来，您不用说，我也会拿来的。”他做事很有分寸，我母亲说他很懂事，很会体贴人，很愿意帮他缝缝补补。

他工作之后，每月的工资是四十二元五角，除寄给父母二十元之外，所剩也只够伙食费和极少的零用钱。因为当教师上课要面对同学，总应考虑衣着整洁。他经过几个月的省吃俭用，积攒了一点钱，算是买了一件上衣，是为了上课时穿的“工作服”。

那时候，中学美术课教学用的经费非常少，教师进修用的画纸和颜料，绝大部分要靠自己购买。他刚参加工作，工资又很低，买几张宣纸或水彩纸都很不容易。他有自己的做法，就是把买回来的纸，先裁成小张，可以省着点用。

图9-2　山上人家（中国画）　18.2cm×26cm　1960年

图9-3　秃头雕　21.4cm×24.4cm　1961年

他画国画的习惯，是先用普通纸画草稿，反复修改后，待自认为成熟时，再往宣纸上画。从他遗留下的画稿中，可以看到许多用质地很差的纸画的草稿，但构思却是很有特色的。他平时注意构思的积累，有想法马上就画出来，然后再经过认真思考，不断推敲，画出多种构图形式和细部表现，为画正稿做好准备。他从来不随意涂抹浪费纸张，养成了爱惜纸张和笔墨的良好习惯。（见图9-1至图9-4）

整理盛寿考的画，很自然地看到，他所有的画，幅面都很小，有的甚至只比明信片稍大一点，一般都类似课本或杂志一样大小。在我收藏他的一百多幅画中，没有大画，只有近十张稍微比较大一点的画，都是送给我父母的，或是为我弟弟考取大学赠画留念的。

盛寿考的画之所以都很小，不是他不能画大画，最主要的原因是经济太困难了，没有钱去买适量的纸用来作画。他就是在这种困境中，既不埋怨，也不退缩，千方百计、想方设法地去作画，去磨炼和提高自己艺术表现的能力。他作画用的纸可谓多种多样，有窗户纸、毛边纸、包装纸等，还有化学实验室废弃的过滤纸，至于宣纸和水彩纸那是求之不得的，十分珍惜，倍加节省。

他深知性能良好的宣纸，适宜

图9-4　趣事图（中国画）　19.4cm×33.6cm　1959年

于发挥笔墨的特点，画起来得心应手，能更好地表现对象，获得良好的艺术效果。但是，他面对实际条件，没有宣纸，用其他的纸来代替，也不是不能作画的，只是需要多动手、动脑，去适应和发挥不同纸的性能，同样可以画出好画来。他用毛边纸画的一组梅兰竹菊水墨画，构图和造型平易中显出个性，笔墨娴熟而独具韵致。（见图9-5至图9-8）

他画的水彩画用纸很杂，画幅也很小，这是与国画相类似之处。另外还有一个特点容易被人忽略，就是他的很多水彩画都是画在纸的正反两面的。为了编印这本书，在请人为他的画拍照时，我曾就此叮嘱过摄影师，要注意画的背面还有画。但是拍摄过后，我发现还是漏掉了许多张画在背面的画，只好再行补拍。

当我拿着这一张张两面都画着画的画，再看看我自己当今的学习条件，不仅为之感慨，内心也感到惭愧。这种一张纸两面都描绘的画，每一面的画都有特点，都是很用心画的，表现着不同的感受和追求，在我看来都值得保留，但是他为了能够充分利用这张难得的纸，却翻过来再画。可以想象，盛寿考当时是多么窘迫。他有感受和有想法的时候，要画出来，要尝试，要表现，但买不起足够使用的画纸，却还要不断地画，不满足于已经完成的表现，要克服困难去磨炼，只能舍弃纸的另一面，把没用过的背面再利用起来。我认为可贵的不只是节约的精神，更值得尊敬的是这种不断追求的思想，勤俭治学的品质以及对艺术的执著追求。

画水彩画的纸都有正反面，因为用纸的习惯不同，各有选择。盛寿考的一张纸两面画的水彩画，前一幅《放学回家的路上》和后一幅《春寒料峭中》，两幅画是画在一张纸的正反两面，仔细观察分析，《放学回

图9-5　梅(中国画)　21.8cm×24.6cm　1961年

图9-6 兰（中国画） 21.5cm×24.6cm 1961年

图9-7 竹（中国画） 21.5cm×24.6cm 1961年

图9-8　菊（中国画）　21.5cm×24.6cm　1961年

图9-9 放学回家的路上（水彩画） 26.3cm×32.1cm 1963年

家的路上》可能是先画的，因为翻过来再画《春寒料峭中》时，《放学回家的路上》画面左下角有被粘贴过的痕迹。（见图9-9、9-10）

选印到本书中的《学校的操场》和《中午安静的校园》、《校园的滑冰场》和《冰雪消融的校园》，以及两幅用不同绘画颜料画的《瓶花》，也都是两幅画分别画在同一张纸的正反两面。

曾老师看盛寿考的水彩画，曾经感慨地对我说：“人家画水彩画，用纸都讲究分正反面，重视发挥纸的正面的良好性能和效果。盛寿考却从不计较，你给他好的水彩纸，也一样两面都画，而且还都能取得好效果，你还不能不佩服。”

在学习的阶段里，他不追求表面效果，绝不计较一幅画的得失，不会驻足于已有的进展，而是更注重训

图9-10 春寒料峭中（水彩画） 26.3cm×32.1cm 1963年

练质量和追求的过程，目的始终明确，为的是提高思维能力和表现技巧。这些两面都是画的画，他从未当成作品来保存，认为这只是学画过程的作业，重视的是通过作业训练，以达到实际能力的提高。

在经济拮据的状况下，本着物以致用的原则，充分发挥纸张的作用，以达到进行艺术实践的目的，这种一心向学，克服困难的精神是很难得的。他那充满自信，相信自己能越画越好的进取心，更是令人钦佩。

许多朋友看到盛寿考的这些画时，无不为之感叹和惋惜，因为一张纸两面画得都很好，如果装在镜框里，只能取其一面，而另一面则被掩盖了，这会令人遗憾。还好，本书的出版，使这些画的两面都能呈现给读者。我重温这些熟悉的水彩画时，得到新的启示：学习任何知识和技能，都不能为已取得的、能看得见的成绩满足，一定要在新的基础上有“克己”的精神，重视训练过程，通过不断的求索过程，继续攀升新的高

图9-11 盛寿考和我在哈尔滨松花江畔 1961年

峰。

人活着是需要有点精神的，更何况在困境中学艺术，则更需要顽强的精神。他在追求，在探索，在感受，在表现，在磨炼自己，困难并没有限制和阻碍他进步，他反而不间断地有新的作品出现，而且确实越画越好。

四十多年后的今天，再回顾他当时的条件，确实称得上艰苦。很难得的是，他一直保持着良好的精神面貌，平和而自然地面对困难。他说这就是所谓的随遇而安，怨天尤人没有用，既然改变不了客观实际，就要正视困难，首先是适应，其次是要克服，说起来容易，做起来却很难，但他总是想方设法去做，这就是他对待生活的一贯态度。在我的记忆中，他从没有对我诉过一次苦，没有讲过一句沮丧的话，一切都是坦然面对的。

1961年暑假我回到哈尔滨，过江去他的“廊室”住了两天，他热情地接待了我。在这里我愉快地接受了他的款待，而且吃到了一顿饱饭。当时正值三年经济困难时期的饥馑年代，能吃一顿饱饭，那是很难得的招待。（见图9-11）

喝的酒是年初过春节时计划供应的半斤散装所谓“小烧”，他用当时那种木塞的玻璃药瓶装起来，再烫蜡封住瓶口，保存了半年之久，等我回来共同享用的，因为在这之前我曾告诉他争取暑假回来。

下酒的菜肴是串烤青蛙腿和串烤蚂蚱，这是他头一天从附近的田里抓来的，处理干净后用盐水腌渍过，再用铁丝串起来，在室外用麦秸烧烤的。还有从水塘和小河沟里抓到的小鱼，处理干净，用盐腌过后晒干烤熟的，吃起来很脆也很香。

吃的菜是他在空地上种的韭菜，用刮脸刀片割下来，洗净后用盐拌制而成，生吃下饭是极具风味的。还有他挖来的野菜，用开水烫过，加酱油和醋，清爽可口，那年月能吃的东西都好吃。

主食则是他种的苞米，煮鲜嫩苞米管吃饱。回忆起来这是我终生难忘的美餐，如今再好的宴席，也无法与此相比。(见图9-12)

他的生活用品极为简单，除去很少的几件衣物之外，就是几支毛笔和墨、砚，还有他常读的几本线装书等。其他的生活用品，就是他画的这幅《我的家当》中描绘的搪瓷缸和菜刀了，这也是他当时生活的一个侧

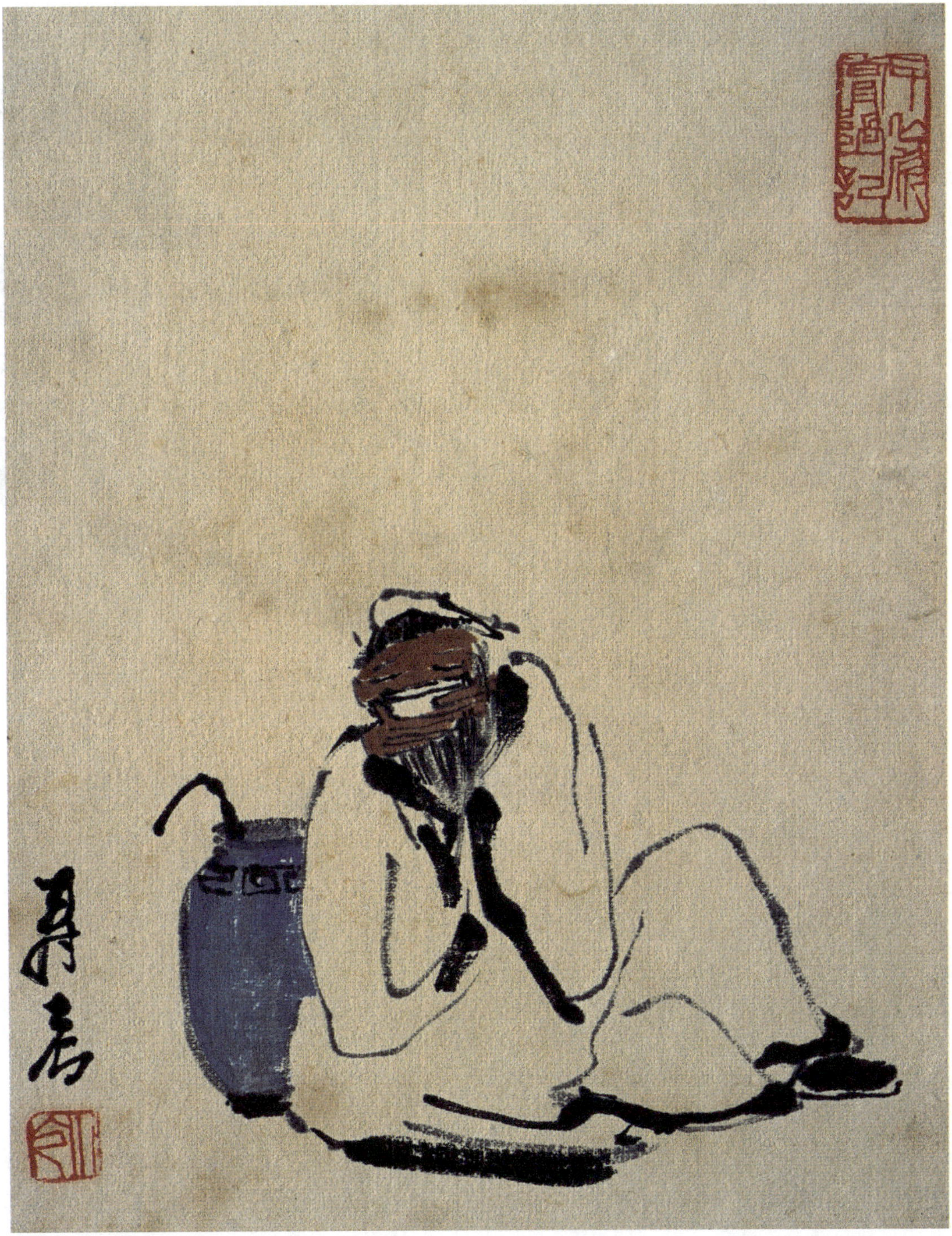

图9-12　酒酣（中国画）　21cm×15.5cm　1962年

图9-13 我的家当（中国画） 34.2cm×46.8cm 1960年

面写照。那时，在饥饿的时候到附近农民家中买来白菜，切成碎块放在搪瓷缸中煮着吃，也能起到充饥的作用。（见图9-13）

学校图书馆刚刚建立，购书经费很少，藏书少得可怜，更谈不上画册了。他千方百计地到市图书馆借画册，向其他学校的美术教师借画册。他珍惜看到的每一本画册，认真地去分析和理解，有时还要临摹，我至今还保存着他用水彩临摹的塞尚的风景画。

他对看过的著名画家的优秀作品记得很清楚，而且学习心得很独到，他更重视画家早期探索过程的作品，他认为这种过程对学习者更有启发。

谦逊好学是他突出的优点，他既不盲从，也不去迎合，更不会赶潮流。他对大师是极为尊重的，选取适合自身特点的画法和风格尽力去学。有些是学不了的，他很冷静地对待，决不去硬学，在学习方面他是有选择和有判断能力。

在学习名家的过程中，尝试着用不同的方法，或是丰富，或是概括，变换着形式去表现对象。他说：“这是练习着去作画，真正的习作，不求很快就见效果，但求从中能学会消化和转化，为以后的创作打下基础。”这幅《立梅》是学画吴昌硕的梅花之后的习作。（见图9-14）

在学习的过程中，不去苛求客观条件，而是强调主观的努力。在当时的条件下，中学教师是没有外出写生和交流学习的机会。没有条件“行万里路”，他也就不去强求，因地制宜，就地取材，同样可以获取素材。他发现在学校附近，在远郊区农村，得天独厚的塞北风光具有特殊的魅力，在周边环境中去挖掘，去发现，有取之不尽可以入画的题材。（见图9-15）

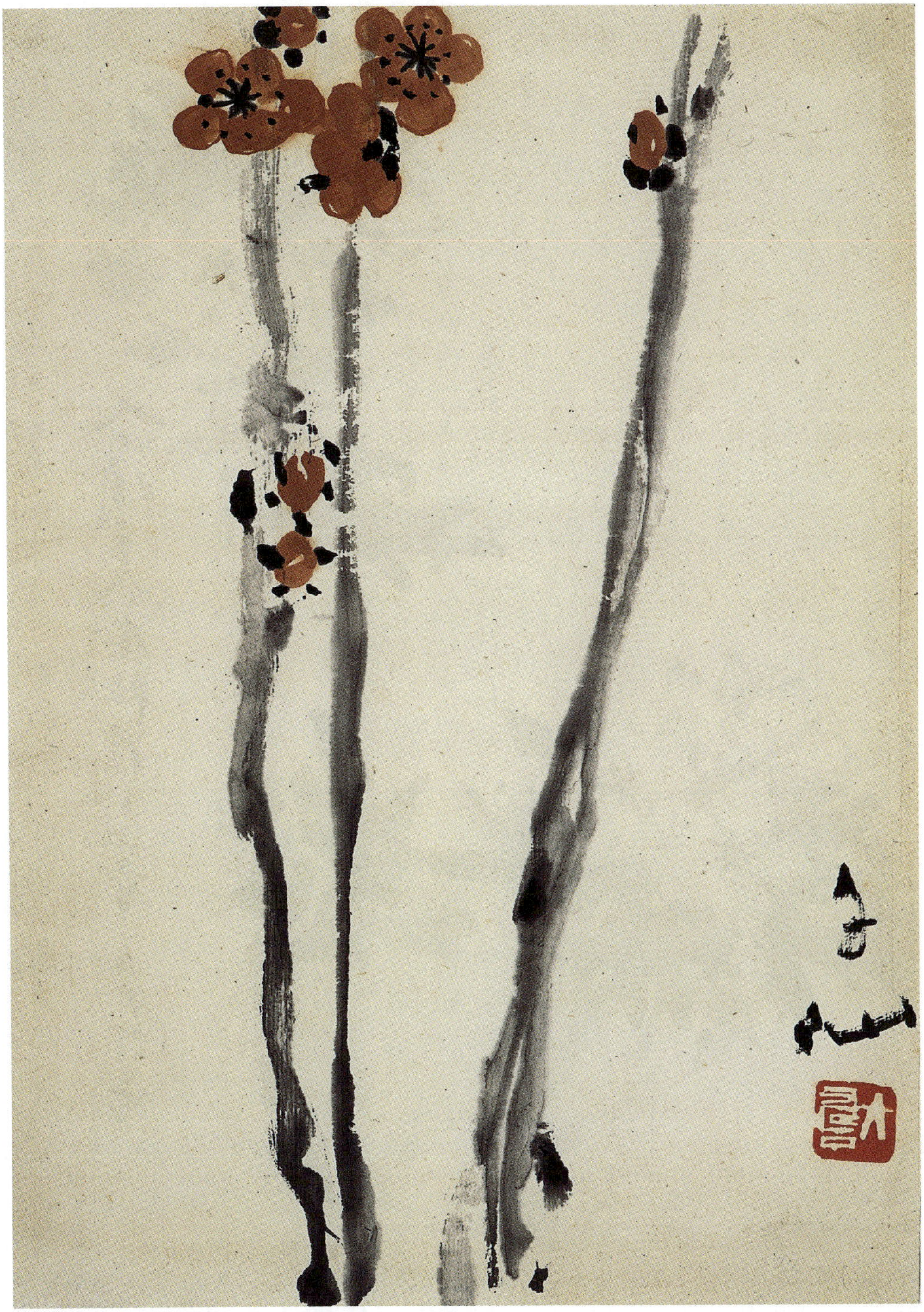

图9-14　立梅（中国画）　34.7cm×24.4cm　1963年

图9-15　春在杜鹃上（中国画）　33.5cm×23cm　1961年

每年一次的探亲假，他不只是为了看望父母，从哈尔滨到山东老家，在变换环境的过程中，会有不同的感受，从中可以发现新的表现题材，因此，探亲也是很好的学习机会。他每次回山东老家探亲，都抓紧时间作画和收集素材。因为远离家乡之后，故地重游格外亲切，毕竟是在这里出生的，感受不同，每次回家他都能引发新的构思，回来之后可以画出新的习作。他把看到的有趣的景和物，用速写的形式记录下来，回到学校后，沉静下来时，再整理成比较正式的画稿，有时还用工笔的形式表现。（见图9-16）

坚持读书是他在中学时养成的好习惯，规定自己要多读书，虽不求万卷，但求不倦地阅读。他特别欣赏齐白石一方图章的印文：“一息尚存书要读”，并以此作为鼓励自己的座右铭，而且他还介绍给我。他一生虽然短暂，却是在坚持不懈地充实和提高自己的文化修养中度过的。在古典文学方面，高中读书时，他就已经超越教科书的范畴而独步于同学之先；工作后也未曾间断过学习，因为这既是他的爱好，也是他作画不可或缺的文化修养的来源。

1961年的春天，他画了一只在水面飞掠而过的燕子，并以“浪淘沙”词牌记述在江北生活的情景，执教鞭不忘读书画画，时序更迭中迎接春天的到来。

浪淘沙

怎抵蘸水燕，忽地忽天。伫立只见归渔船，虾儿鱼儿更不见，网在一边。江北住三年，未曾离鞭。阅尽曲子岂一篇，昨日光景今还是，春到人间。

图9-16　水生不知其名（中国画）　20.8cm×15.5cm　1962年

盛寿考在三十一中，最初是美术教师，之后还兼任过一段时间的语文课教学，他很有兴趣，责无旁贷地承担起来。在语文教学中，取得很好的效果，这和他有很好的文化基础和文学修养是分不开的。他认为作为郊区的初中，师资力量不足，他力所能及地开好语文课，也是义不容辞的责任。这幅名为“枝头锦”的水墨画，是他“初任语文教员第一天夜于灯下画”。他在上完课的当天晚上，画下这幅水墨画，写下了这段文字，对他来说，也是一种纪念。（见图9-17、9-18）

图9-17 雨燕(中国画) 23cm×33.5cm 1961年

语文课的教学，对他本身提高文学修养是有好处的，与美术教学相辅相成，兼课是可以理解和应予支持的，关键是学校领导别忘了对美术教育的认识要提高并给予重视。他在担任美术课的同时，兼任语文课教学，课余仍然坚持组织和辅导美术小组的活动。

他作为美术教师，爱好文学，喜欢诗词，也影响着学生。美术组的学生在初中毕业时，他给学生赠画也赠诗，曾为美术组的李时同学写了一首《沁园春》，有嘱咐，也有期望，情真意切。

沁园春　赠李时同学

书画文章，痴心留恋，摩挲几遍。奈日推一日，月拖一月；光阴似箭， 耕耘不断。无愧春光，有获秋艳，只恐蹉跎老却间。无为汉，才患得患失，一事难全。愚氓只恋井缘，可须知天外别有天。更学杨和柳，不因地理，吐银争发，不畏春寒。不再无著，不去徘徊，一任归合自然。今已是，雁字新写就，树涂青丹。

盛寿考鼓励学生学习，要放开眼界，不要当井底蛙，要学杨树和柳树的品格，能在困难环境中成长，在思想上要归合自然，遵循自然和事物的客观规律，去奋发，去生存。

在学习绘画方面，他是有分析和选择的。他认定了学艺术要学最好的，向大师学习很重要。在看不到优秀作品原作的情况下，尽可能找到最好的印刷品。学习优秀的绘画作品，不能只是看看，还要有选择地

图9-18　枝头锦（中国画）　44.3cm×34.9cm　1960年

图9-19　师法前人（中国画）　18.2cm×31cm　1960年

临摹。他说，“临一遍，胜过草草地看百遍。临摹不是目的，是有效的学习方法和手段，特别对自学者更重要。临摹的方法有多种，可细，可粗，条件不一样，不能苛求完全一致。临摹的关键是深入理解，还可以结合写生和构思创作，最终一定要脱开临摹对象，形成自身的特点”。（见图9-19）

通过这本书中的习作，可以看到他在艺术表现中，自我意识是比较强的。他认为这不是为了突出个人，而是对艺术的负责，要把自己感觉和理解到的美好景物，用自己的表达方式画出来，呈献给观赏者，这样才能够起到丰富人们精神生活的作用，才是美好的艺术创造活动，才是有意义的。如果不重视自我意识的表现，不同的作者画的画千篇一律，那是一种僵化，是艺术的失败。在学习阶段，应该注意探索和发挥自身的特点和个性，没有自我意识，也就不会有艺术风格的形成。

这是他学习经验的总结，在实践中坚持履行的信条，应该说是符合他的实际情况和条件的，因而是有成效的，取得了比较好的成绩。

十、全心致力于美术教育

当时的年月，在农村中学当一名教师难，当一名美术教师则更难。盛寿考在困难和挫折中，学会了应对美术课不受重视的现状，他不是退缩，而是避开正面冲突，采取相应的迂回方式，默默地进行着课程建设。

美术教学在许多中小学不受重视，甚至被边缘化，这一直是不争的事实。在基础教育中，想让美术课得到普遍重视，是需要时日的。面对现实情况，他利用有限而且得不到保证的课时，采取随机的方式，抓紧时间上好美术课，并组织课外活动美术小组，总之是尽力而为了。

在困难的情况下，他认为美术课可以不求系统和完整，能教多少算多少，让学生尽量多学到一点关于美术的初步知识和技能，使学生有所收获，这是无可奈何的办法。这种办法也不见得就是错的，因为实际情况无法系统和完整。正因为教这门课困难，他又感觉挺有意思，还是知难而进，在夹缝中求生存。

面对当时的中学美术教育，他和我谈过多次，基本态度是：承认现状，虽无力改变，但应尽力而为，能做多少就做多少。很难求得理解，只求在学生的成长中培养其对美术的兴趣，懂点知识，学点技能。正是因为难，就更应该把课准备好，随时都能把课上好。

盛寿考在几年实践中有了很大的变化，能够很冷静地对待这个问题。他从一个理想主义者转变为现实主义者，但其根本目标没变，一定要千方百计搞好初中的美术教学，对他来说，这是天经地义的事情。“吃这碗饭，就要尽力而为，不然对不起老天爷。”这就是当年盛寿考鞭策、激励自己的信条。

1964年夏天，我回哈尔滨在江北三十一中学住了几天，有几次我们俩交谈的问题比较集中，也比较深入。从他的言谈中，我感觉他变了，而且变化很大。他想得很多，从爱画画到教画画，自发地成为美术教师；几年的美术教学实践，使他跨入到了自觉地思考美术教育问题的阶段，他想得更多的是怎样教好美术课，包括教材、教法和理论建设的问题。

他已经摆脱了原来美术特长生的立场，从单纯爱好美术，到成为美术教师，进而站在基础教育的整体立场上，关注中小学的美术教育。那时还没提素质教育，他所说的“美术教育是文化修养”，我想二者的本意大致相近。他对美术课怀着美好的愿望，希望学生将来无论学理工、农医、文史，还是当农民、工人，都应该学这门功课，成绩不必分高低，尽力而为，各得其宜，也就可以了。

他还特别谈到了一个与众不同的观点：美术课的教学，不只是教给那些爱好美术的学生以理论知识和绘画技法；同样还应该引导一部分不喜欢美术的学生，使他们开始喜欢美术；还需要帮助一部分认为自己没有美术才能的学生建立信心，使他们在提高审美能力的同时，通过美术实践掌握一定的技能，获得成就感。

我承认他的观点是对的，但认为当下想得再好也没用，这门课什么时候能像数理化一样受重视，问题就好解决了。他认为不然，正因为如此，现在就要去想，思想明确了，就要努力去做，事在人为。

他说：“我在市图书馆偶然看到关于讨论形象思维的文章，很受启发。我们一定要从培养一代新人的角度，来认识美术教育的实质和目的。中小学的美术课，不是你我美术特长生的美术课，而是所有同学都应重视和学好的普通课程，像语文、数学一样。至于美术特长生，可以在这一基础上发展，但那是课程之外的事情，不属于美术课的任务。美术课是为所有学生开设的课程，要求所有学生都应该学好，因为同学们将来无论从事什么工作，都需要美术的修养和掌握一定的美术技能，这对培养他们的形象思维能力有好处。”

他谈得很激动，还特别列举了母校几位备受尊敬的老师：“就以咱们三中为例，全市著名的物理老师阎喜杰，物理课教学最优秀。同时他又有很好的美术修养，有些不容易理解的物理问题，他能一面讲，一面画图，把抽象的定理变成直观生动的图例，使同学很快理解并掌握，美术对物理也是很有作用的。”他还说：“阎喜杰老师画的图有些是漫画，有幽默感，很吸引同学，还加深记忆力，直到如今我还记得他讲‘自由落体’时，在黑板上画的孙悟空自天而降的漫画，还有那个公式。现在看来，他是把抽象思维和形象思维结合在一起，才容易理解和记忆。”

为了说明他的观点，他又列举了张世炬老师上地理课，讲喀斯特地貌时，简略几笔在黑板上就画出桂林山水，以便于同学认识和理解。最使人难忘的是体育老师徐春先。他上课教同学跳高，做完示范动作，进行讲解时，提来一块小黑板，在上面用一种类似简笔画的形式，四肢和躯干都是单线，只有头是小圆圈，手和脚用小圆点表示，画出几种姿势跳高动作的过程。图示既生动又简洁，动作要领一目了然，同学们看了之后，对于掌握动作特别有帮助。

盛寿考还让我回忆初中时学的语文课，有一篇鲁迅先生的文章《藤野先生》，讲到他年轻的时候到日本仙台医学专门学校学医，藤野先生教他画解剖图，看来美术对医学也是有用的。鲁迅先生从小就喜欢美术，成为作家后还为自己写的书设计封面，而且很有特点。总之，无论从事什么职业都离不开美术，所以美术的普及教育很重要，许多科学家的发明也是与他们喜爱艺术有关，有些发明就是从形象思维开始萌生的。

在现实生活中，盛寿考从来都是抱着美好的愿望，去认识，去着想，去作为。他希望在专业技能方面得到充实，认识到作为一名称职的美术教师，不只是应该在绘画方面很专业，能够画得很好，而且掌握的知识和技能要宽泛，要广博，还要懂点文史和艺术理论，用通俗的话来说，应该是多面手，俗话叫“万金油”。他担任美术教师之后，一直想在原来掌握的国画、水彩、书法、篆刻的基础上，拓展自己的专业领域，多学几种技能。他提到要学装饰图案，还要学工艺美术，要掌握几种手工艺制作。他不止一次提到要多读点教育理论方面的书，以提高自己的教学水平。

我回北京之后，他几次写信给我，谈到诸如哪些方面的知识和技能可以进美术课堂的问题。他特别谈到美术教师需要多学点本事，用于教学实践中，这不仅是为了引发学生的兴趣，提高学生的艺术修养，同时还能让学生学点有用的技能，在日后工作或生活中可以运用。美术课要在实际生活中发挥作用，这样才会逐渐被认识、肯定，慢慢地受到重视。

我没有担任过中学的美术教学工作，只是在初中时的美术课上接受过教育，但那很不正规、很不成系统。偶尔上美术课，也只是画过苹果、鸭梨、红五星，临摹过漫画，其他也就没印象了，感觉没学到什么，感到很不满足。

我同意他的看法，美术课要像门课，必须有充实的内容，而且用于教学是可行的，让学生感觉有意思，能真正地学到点知识，掌握一点技能，起到提高实践能力的作用。

当年我在初中同学当中，算是个美术爱好者，能临摹几笔画，可以蒙那些根本不会画画的同学，他们还很佩服我，于是就推举我画壁报、写标语、布置教室。那时年幼无知，还觉得挺神气，不知深浅就答应了。可是真正做起来困难太多了，许多本领都不会，只能到新华书店去买《怎样写美术字》、《怎样画黑板报》、《怎样布置会场》、《题花装饰资料》一类的书。先是照着画，后来是在原有的基础上变化，有时即使看着资料学着画，还是会遇到困难的。画不好时，心里就埋怨，“美术老师教些啥？教画苹果有什么用，还不如教写美术字、教画壁报有用”。

我把过去的经历和当时的想法同他谈了，他在回信中谈到有所启发，也把画壁报纳入到美术教学中，想先在课外美术小组中进行尝试，然后再拿到课堂上去教学。他说先从自己做起，近两个月之内停止画画，专心学写美术字、学画壁报、学画装饰图案，以便用于教学。他深知要想教会学生，首先自己必须很好地掌握，一定要帮助班里办两期壁报。

他是很务实的，想法一旦成熟、认为可行的时候，就付诸行动，绝不停留在空想阶段。他的实践带动了美术小组的同学，在各自的班里发挥作用，取得了比较明显的效果，不少班级的壁报大有改观，得到许多班主任老师的好评。

盛寿考希望丰富中学美术教学的课程内容，所以要求我能帮他收集有关的材料。我从进入大学二年级之后，开始关注这方面的问题，考虑在接触的相关专业中，把最基础的知识和技能，具体化为中学生容易接受，而且能够实现的课程内容，提供给他作为教学选择的素材。

1961年2月在寒假期间，中央工艺美术学院学生会组织学术讲座，请来著名版画家李平凡先生讲“木刻创作和水印技法”。虽然木刻不是我们的专业，只是一种修养，也可以成为一种业余爱好，我还是很有兴趣的，于是就去听讲座，看李先生操作示范。他教我们一种简便有效的水印木刻技法，具有很好的表现效果，也容易掌握。

李先生的这种方法对材料和工具要求都很简单，只要用一把圆口木刻刀，选取平整的胶合板边角料，在上面画出底稿，然后进行刻制，刻完之后，就可以着色拓印。

这种版画的效果关键在于拓印用的墨或颜色，一定要适量均匀地调入稀糨糊，使其不致完全渗入胶合板

图10-1　第一幅木刻习作（水印木刻）　12.4cm×20.3cm　1961年

中。往刻好的板上着墨或涂色是关键的步骤，不能用滚子着色，要用毛笔根据表现效果的需要来着色。在刻过的画面上，可以同时有几种浓淡不同的颜色并存，一次拓印就可以出现套色水印木刻的效果。

李先生给我们看了他用这种方法印制的作品，画面效果很自然，版画味十足，还有点水墨效果，特点比较突出，是很吸引人的。于是我也找了一小块胶合板，按照李先生教的方法，刻印了一张《落雪的窗外》小幅版画寄给盛寿考，并附上一封信，介绍了李先生的刻印方法，还建议他把这种方法纳入到美术课中，不妨教学生也试一试。不出半个月，我很快就收到了他的回信和拓印的木刻画。他在信中谈到，看了我的信和印出来的版画后，对此技法极有兴趣，并立即进行了尝试，把刻印出的第一幅版画，也就是他所谓的处女作寄给我。（见图10-1）

这是他第一次刻木刻，印水印习作，画幅很小，根据他原来画的国画稿，刻的是金鱼和慈姑，而且是套色，版画味很足。他认为经初步尝试，感觉难度不是很大，材料和工具也容易解决，学生可以掌握，而且效果比较好。他想把这一技法教给学生，猜想孩子们也会有兴趣的。

随后他又给我寄来一张题为“两匹悠闲的马”的套色水印木刻，虽然水印特点并不显著，但构图、色调、刀法的表现都有特点。之后他来信说，又刻了一批木刻水印版画，有风景，也有花卉，他觉得同是一个构图，经过刻和印的“工艺制作”过程，会出现不同的艺术效果，很有趣味。（见图10-2）

图10-2　两匹悠闲的马（水印木刻）　15cm×17.4cm　1961年

他有所感悟地说："通过刻印版画的工艺过程和呈现的效果，我想你们学工艺美术肯定会很有意思。过去对这个专业领域不了解，现在知道一点工艺趣味了，我很羡慕你们。"

用这种简易的版画制作，既丰富了教学内容，又引起了学生们的兴趣。当年年末就有学生用这种技法印制贺年卡，送给老师拜年。老师们看了很高兴，竟然有的老师问盛寿考，为什么刻了版印出来比原来的画稿还好看，盛寿考回答说："版画有木味，有刀味，还有印制中的自然韵味。画稿只有一张，版画能印很多张，每张既一样，又不完全一样，这就是版画的魅力。"

在这前后的时间里，他还和我提到，曾耀宗老师送他一套油画颜料和画笔。过去在哈尔滨三中读书时，看

图10-3 清趣（油画） 37.2cm×26.8cm 1964年

到曾老师画油画时，特别羡慕，觉得油画是西方高级画种，技法很难，表现力很强，不容易掌握。

他得到颜料和画笔之后，早把“难”字忘到脑后，不管什么独特的技法，大胆地画起来。买不起油画布，就到废品公司买废旧的包装盒厚卡纸，自己涂胶打底子，画起来效果也还可以。他送给我一幅用油画颜料画在纸上的静物画，我问他是本着一种什么画法去画的，他的回答很直爽：“自己感觉怎么好看就怎么画，我送你的这幅油画基本上是平涂的，受你们中央工艺美术学院画风的影响，主要是把握色调，还追求有点装饰性。我自己感觉还可以看，才送给你的，不知你是怎么看的，有什么建议。我并不想当油画家，我也当不了画家，我是美术教师，必须了解油画颜料的特点，也必须体会画油画的过程和感觉，这对以后讲油画作品欣赏时会有帮助。”当时我还没画过油画，但我佩服他的独立思考和大胆实践，不拘泥于已有的方法，最可贵的是具有独创精神。（见图10-3）

为了教好美术课，丰富初中美术的教学内容，他利用假日到市里图书馆查阅国外美术教育的资料，了解到有些发达国家把陶瓷工艺美术也纳入到美术教学之中，他受到启发，也想尝试。为此他还特别向我问起，制作低温无釉陶器的工艺问题，从原料到造型，从装饰到烧成，了解得特别详细。因为这是我学的专业，所以我仔细地给他加以讲解。我告诉他作陶并不难，陶艺制作所利用的原料，可以选用当地的黏土加以制备，用手工打泥片或盘泥条方法成型，放在阴凉无风的地方慢慢干燥，然后就可以烧成无釉红陶。有条件垒个小土窑就可以烧成。没有窑炉，在平地上也能烧，多拾点干树枝、麦秸、稻草，木工房和家具厂的下脚料也都是很好的燃料，可以烧出具有原始意味的陶器，非常有意思。这种烧造方法正好适于农村的学校，在市区是无法实现的。

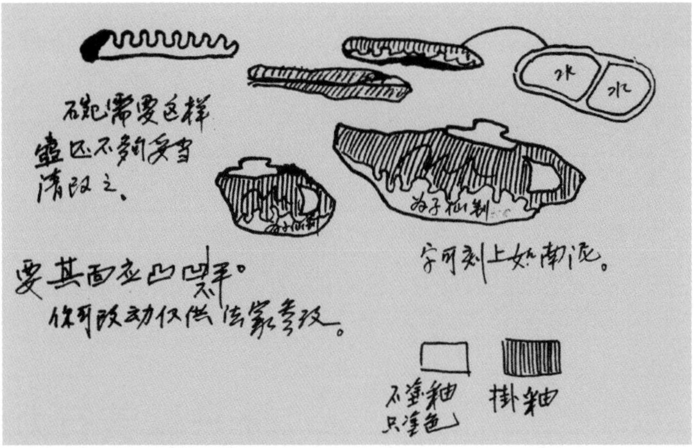

图10-4　盛寿考的陶艺设计构思草图　1960年

图10-5　盛寿考在北京天安门前　1965年

在那之后，他给我寄来了一套他设计的茶具草图，供我参考。从他的设计草图和文字说明，可以看出他是认真读过陶瓷方面的书和画册的，一开始他就采用手工艺成型，运用胎和釉的对比手法进行装饰，还真有点出手不凡。（见图10-4）他打算下一步到黑龙江省绥棱县陶器厂，去学做土陶花盆的手艺，回来在课外活动美术小组先做试验，然后再纳入到美术课里，让学生放开来做点好看的、好玩的和好用的陶器。当我谈到烧制陶器的那种成就感和愉悦的心情时，他很激动，他说这非常适合中小学生，可以使学生的手练得灵巧，动手做东西可能比画更有意思。他决定回去后就着手准备。我给他找了部分资料和图片，送给他一件云南省西双版纳的无釉红陶圜底罐，这是采取平地堆烧而成的，也算是最初的教学资料吧。

现在回忆起来当时在国内，还没听说有什么地方把“作陶”列入美术课之中的。中小学的“陶艺”课，基本是在改革开放之后，在部分省市的中小学陆续开设的。盛寿考为了基础美术教育，可谓苦思冥想，把我学的专业也纳入到他的教学内容之中，这种超前意识可以说是逼出来的。（见图10-5）

十一、苦行力学的精神

图11-1 背临白石八哥（中国画）35.1cm×28cm 1960年

当我经过多年的教学工作，接触到很多爱好和学习美术的学生之后，再回过头来看青少年时代的盛寿考，相比较之下，他在美术方面的表现确实与众不同，他具备很好的天分，并显示出极强的悟性。最为突出的还是他对艺术的挚爱，为学习艺术肯下苦功、全身心地投入、持之以恒的精神，短短的一生，矢志不渝。

他重视自身的文化修养，同时也重视锻炼和提高艺术技巧，他身上所具备的刻苦精神是最为可取的。他不追逐名利，不羡慕那种廉价的成绩和表面的效果，他认为艺术上的轻而易举是毫无意义的，想掌握一点本领，必须要下苦功，而且要坚持始终。

他曾感慨地谈到过：有的时候，即使下了很大的工夫，也未必会有多少收获，即便如此，也决不能退缩，更需要坚忍不拔的精神，继续坚持下去。他很欣赏罗丹的话“艺术家的优良品质，无非是智慧、专心、真挚、意志。像诚实的工人一样完成你们的工作吧”。他以此为座右铭，指导自己的艺术实践。

他敬佩成就卓著的中国画家齐白石、任伯年、虚谷、石涛、八大山人诸家；他也非常欣赏外国著名画家凡·高、塞

图11-2　拟八大山人笔意（中国画）　31.1cm×16cm　1960年

图11-3　临潘天寿指画（中国画）　71cm×34cm　1960年

尚、高更和俄罗斯的列维坦、库因芝等。他尊重这些大师们创造性的劳动，也由衷地崇拜他们的作品中感人的艺术魅力。他通过临摹名家的作品，反复分析和思考，领悟其方法，学习其表现技巧，从而掌握基本的知识和能力，在学习中消化和吸收，间或进行自己的艺术创作。（见图11-1至图11-4）

图11-4　拟石涛画意（中国画）　33.3cm×45.6cm　1961年

他热爱生活，对生活充满情感，在生活中倾心去观察大自然，善于在别人司空见惯的景物中发现美，通过描绘和表现，更深入地去感悟美。他不断地从生活中获取富有情趣的素材，反复推敲，惨淡经营，在进行多种方法和形式表现的探索中，自然而然地形成了他自身的特点和风格。

他不但喜爱艺术大师们的作品，同时也喜欢天真无邪的儿童们的绘画。他特别欣赏儿童画中单纯率真的情感，不受拘束的表现形式，充满神奇色彩的想象力。他参观儿童画展回来后，把印象很深的一张儿童画背临出来，在画的边缘上写下感想："1962年4月5日于江北三十一中画，背临儿童画大意，人一旦大了，再也不会有天真幼稚气，若能有，这是画家最难得的。"（见图11-5）

盛寿考重视平时素材收集，进而画出构思的草稿，当有一定积累时，他就会集中精力，画出一组习作。他在1961年给我一组小册页，其中第一页写道："这十二幅画稿是从三年前画的草稿中选出来的，多是回故乡时觅得的，东西都是一样的，只是设法变幻着经营，以往诸家也不过是这样，只是达到了跳得出凡格的境

图11-5　背临儿童画(水彩画)　19.8cm×28.5cm　1962年

地。把一个题材用不同的感情画来画去，在上头下工夫，是一件最不容易的事。我们不要忘记了齐白石、任伯年这两位大匠，学习他们的精神。”（见图11-6）

1982年初，为了准备出版盛寿考的画集，我把挑选备用的画拿给张仃先生过目，请他题写书名签。我把我知道的有关盛寿考这些画的情况向张仃先生简要地作了介绍，他看得很仔细，对其中的国画很有兴趣，特别喜欢其中的一组小册页，并对其中几幅发表了评论。张仃先生一面慢慢地翻看着画，一面自言自语地点评着，很是投入和动情。他为这位“美术学徒”过早地离去而惋惜，也为其苦心专注于艺术劳作的精神而感叹。

张仃先生对第一幅《竹叶悬蛛》的评论是：这幅画看起来很简单，几片红色的竹叶，一只悬挂的蜘蛛，一左一右，一红一黑，相互对应，很有情趣。这种构图形式，实际是生活中的积累，经过整合组织在一起的，在生活中偶尔也能遇到，可贵的是他能表现出来。他画的蜘蛛很准确和概括，还有那根蛛丝，可以看出作者是个有心人。（见图11-7）

张仃先生最喜欢第二幅《枝头小鸟》，他说画幅虽然很小、无大幅度的伸展，却形成了开阔的空间感。

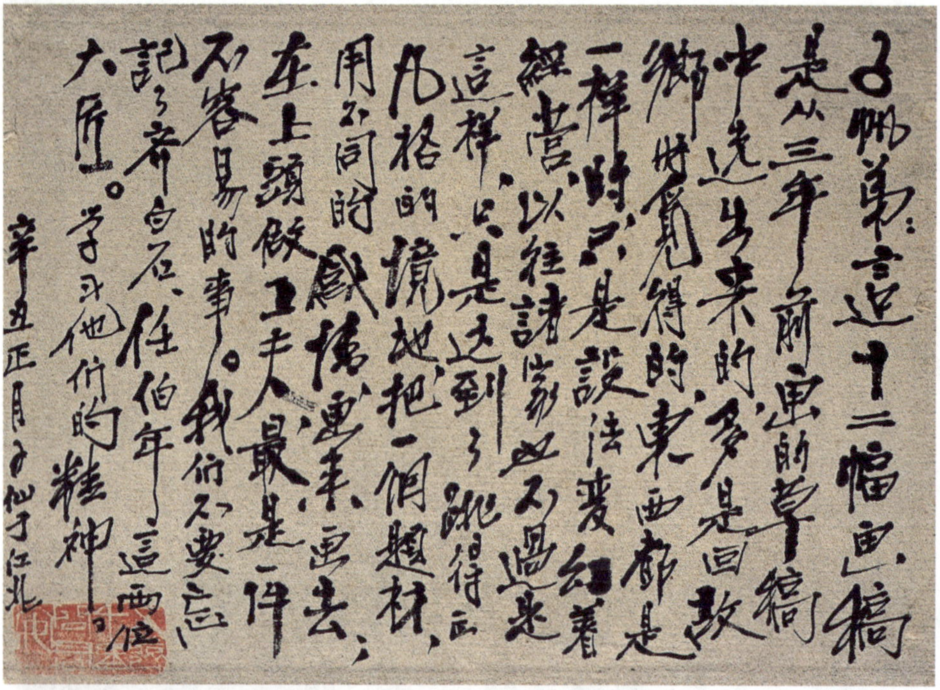

图11-6 册页前言（书法） 15.5cm×21cm 1961年

图11-7 竹叶悬蛛（中国画） 15.5×21cm 1961年

图11-8 枝头小鸟（中国画） 15.5cm×21cm 1961年

小鸟和红果的画法自如，潇洒地率意为之，形象生动，色彩单纯。特别是红果树的画法，其枝干和果实错落有致，浓淡相宜，丰富而不杂乱，还有点装饰意味，整体效果是很好的。这些方面的表现，说起来容易，画起来还是要下一番工夫的。（见图11-8）

对于《老树蝉蜕》这幅画，他认为选取的题材很有意思，以往画家描绘成蝉的比较多，很少画蝉蜕的。我介绍这是盛寿考回山东老家探亲时收集到的题材，回来之后画成的。这幅画的草稿上，有一首他自己写的关于蝉的诗：“噪音入地身悬空，埋头十年苦修行。有朝一日脱胎去，长鸣一声到河东。” 盛寿考还告诉过我，蝉是最有耐性的昆虫，幼虫在地下吸取树根的汁液，要到十几年后的春天，才爬出地面，到树上蜕皮成蝉。蝉蜕是蝉成长过程的产物。他画蝉蜕，也是他对蝉的一种顾怜。张仃先生说，看来作者是很用心的，画什么，就去了解和研究什么，所以画得不错。（见图11-9）

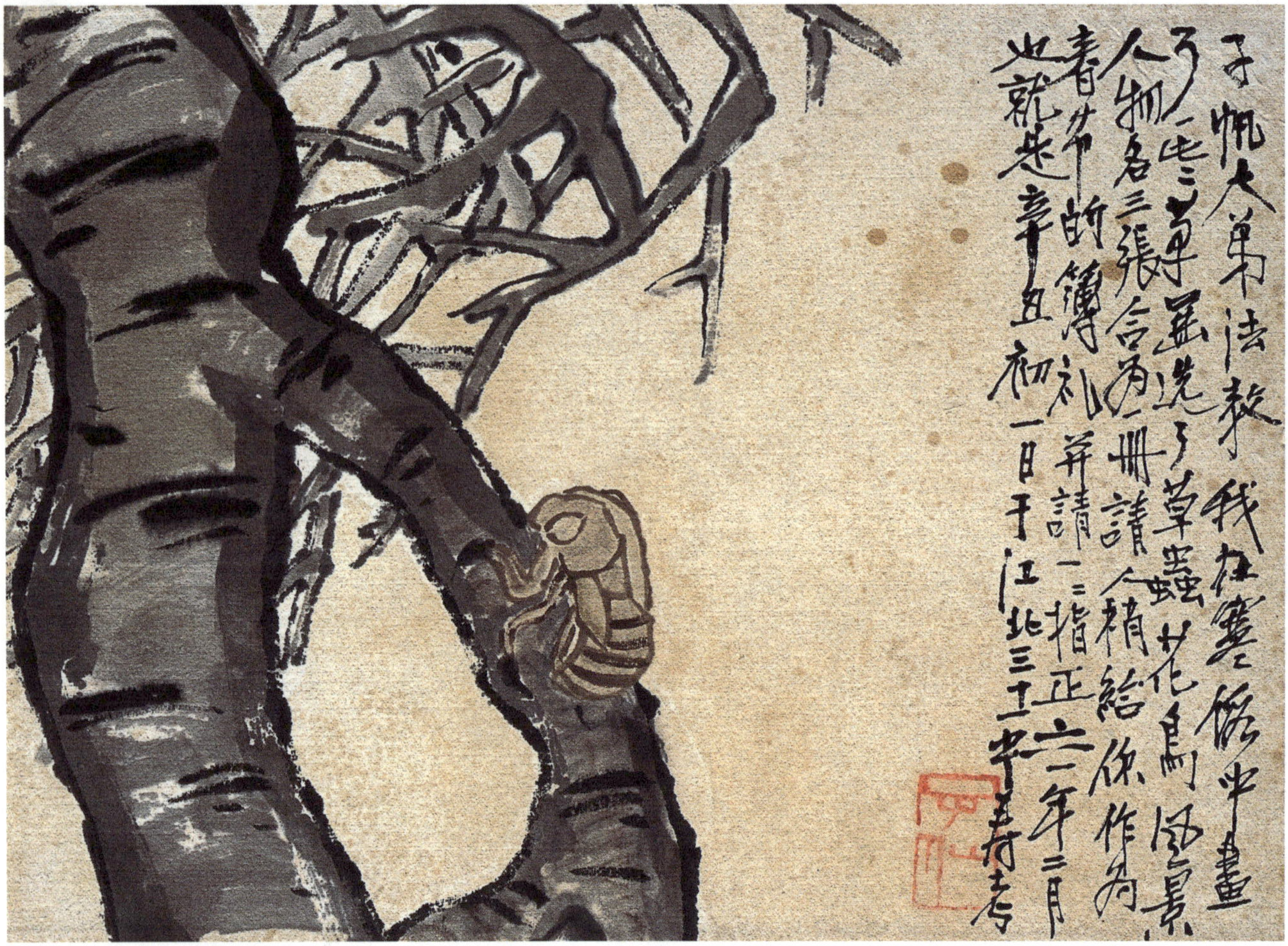

图11-9　老树蝉蜕（中国画）　15.5cm×21cm　1961年

盛寿考以金鱼为题材的作品比较多，尤以金鱼和紫藤配在一起的最多。他的这幅《紫藤金鱼》之所以这样画，是为了避开金鱼和水草组合在一起的俗套，那样难以有新意。紫藤和金鱼配在一起，紫藤自上垂下，金鱼在下面的水中，形成构图中的呼应关系，比较容易取得协调的效果。（见图11-10）

对于《柳丝飞燕》这幅画，张仃先生看着笑了，他特别提醒我，这幅画看起来很简单，但很有韵味，也可以说有点诗意。这是因为构思好，画面能表现出春天的感觉，清风拂柳，燕子轻盈飞过的一刹那。虽然燕子的形态和结构并不很准确，但特征和动势画得很好，非常生动，也很美。张仃先生说，看来这位作者表现的不是纯技术，而是注重艺术修养的。（见图11-11）

盛寿考利用暑假回故乡探亲，除去帮助家里做一些零活之外，大部分时间是在村里村外画速写，收集素材。在他未担任美术教师之前，主要是画花鸟，他是不画风景和人物的。但为了美术课教学的需要，他开始尝试着画风景和人物，他不画那种很传统的山水画，而是探索用比较概括的画法来表现，以使中学生也能掌

图11-10　紫藤金鱼（中国画）　15.5cm×21cm　1961年

图11-11　柳丝飞燕（中国画）　15.5cm×21cm　1961年

图11-12 邻家屋舍（中国画） 15.5cm×21cm 1961年

图11-13　枫林望月(中国画)　15.5cm×21cm　1961年

图11-14　老屋望鹤（中国画）　15.5cm×21cm　1961年

握。这幅《邻家屋舍》就是用他教学生的一种画法表现的。（见图11-12）

《枫林望月》是他画过多次的题材，表现形式虽不同，但内容相同。寂静的月光下，枫树下的一条小路，这是故乡农村的月夜，寄托着他的思念。我最初看到这一构思草稿时，是他刚到江北的时候，反复画过几次，类似构图的画见过多幅，可见他是如何“设法变幻着经营”的。（见图11-13）

他画《老屋望鹤》这幅小品，是他个人情感的抒发，既没有写生，也没见草稿，完全是借助想象力，结合以往临摹的古人的作品，发挥笔墨技巧而画成的。老屋的描绘极为简洁，周围的植物颇具装饰性，如同变形的图案，优美而抒情，烘托出主人散淡幽雅的情绪。这是他真正地寻找到了精神家园后，超然于烦事之外的内心表现。（见图11-14）

张仃先生见到这幅《江桥落日》时很高兴，他说画面虽然很简练，但一眼就能看出这是哈尔滨的松花江桥。解放战争期间张仃先生在哈尔滨，对这座江桥太熟悉了。只是那时候不准拍照，也不准画，所以他没有

图11-15　江桥落日(中国画)　15.5cm×21cm　1961年

画过。这幅画虽然把江桥平面化了，实际只画了一面，是一种意象的表现，但特征十分突出，再加上夕阳西下，水天相接，意境很美。他称赞作者的概括能力很强。（见图11-15）

盛寿考在他的《雪中行旅》画面上，写下了一段文字：“我不会画雪景，更不会画人物，为了给君，也大胆作一幅，请论证。”平心而论，他的这幅雪中骑驴的人物画远不及他的花鸟和风景画。我认为很难得的是他勇于尝试的精神，为了美术教学的需要，他觉得应该要会画人物，也就努力学画人物，而且是有所收获的。（见图11-16）

盛寿考对《柳荫读书》这幅画不是很满意，这是根据回故乡的情景在家里画的速写，结合记忆绘制而成的。他习惯于对画过的画分析得失，认为“人物和树表现得都不理想，画人物用笔有点拘谨，线条呆板僵硬。柳树画得有点乱了，没有章法，打算以后重新再画一幅”。他在不断的实践中学习，并总是能看到自己的不足，这也是他进步比较快的重要原因。（见图11-17）

张仃先生认为，在盛寿考的人物画中，《故乡往事》是一幅很有情调的作品。人物虽然是背影，但儿童的特点，动作姿态，都表现得很生动。清澈的河水，执竿垂钓的孩子聚精会神，也把欣赏者带入了画中，营造出一种情境，这是吸引人的重要原因。在描绘表现的用线方面，使人感觉轻巧自然，毫无拘谨，很有意味。应该说是一幅以少胜多、以简胜繁之作。（见图11-18）

张仃先生对其中几幅作品的肯定和点评，使我联想到所知道每一幅的构思和绘画表现的过程，可以说没有一幅画是一蹴而就的，都是经过反复思考、不断修改才完成的。重视内容和形式的结合，不断变换着方式去表现，才取得了比较好的效果。这些习作，乍看起来轻松随意，实际上是下过“笨”工夫的，都是反复画过几遍的，学习过程确实很不容易。

从他遗存的水彩画和国画来看，最典型的是画他们学校的庙宇建筑，在这本书介绍的十几幅描绘三十一

图11-16　雪中行旅（中国画）　15.5cm×21cm　1961年

图11-17　柳荫读书（中国画）　15.5cm×21cm　1961年

图11-18　故乡往事（中国画）　15.5cm×21cm　1961年

中学的画中，每幅所表现的季节、时间、天气、色彩、构图、氛围都各不相同，春夏秋冬，雨雪阴晴，每幅都各有特点，这是很不容易做到的。

他画国画更是如此，一幅画的创意，变换着构图，用多种样式表现，反复锤炼和概括，仅就“寒鸦归林”这一题材，我看到的就十几幅之多。为了表现好这一构思，他多次去田野林边观察，回来后变换着方式去表现，反复推敲，画了不下十几幅。他希望欣赏画的人在看这幅画的时候，能感觉到深秋郊外暮归寒鸦的喧聒声，那样才算画得成功了。（见图11-19）

他这种反复练习的精神，确实是能够发人深省的。从这些水彩画和国画中，可以清楚地看到他认真踏实的探索精神，这些画也反映出他在艺术形式方面丰富的表现力。他在不断认真修改和反复经营的过程中，不单纯为了技术熟练和表现效果，更重要的是为了探索和追求更多的内容。这里蕴涵着艺术技巧的尝试，表现手法的丰富，认识能力的深化，判断能力的培养，最终是艺术修养和技巧的提高。他说：“这是很重要的学习实践过程和提高的过程。”

一个题材或一个景物在不同的时间和条件下，用不同的感情方式去表现，能够锻炼人的表现能力，也可以使欣赏者产生截然不同的感觉或印象。为了把不同的感受表现出来，需要用心去领悟，着力去发掘，寻求新的表现形式。只有这样，才可以使朦胧的感觉更加清晰地显现出来，表现技巧也会在反复的实践中得心应手，这样才会画出有特点的作品来。

他很诚恳地告诫我，进行创作和设计千万不能像“狗熊掰玉米”那样，掰一棒，丢一棒，要懂得积累，要逐步深入，否则会失掉很好的构思，还会付出许多无效的劳动。他谈到自己的观察、分析和感受时说到，有的人很勤劳也很有追求，整天跑来跑去写生、收集素材，这一题材没画完，又换另一个新题材，这一张没画完，又去画另一张。东一头，西一头，撞来撞去，画的都是“未完成稿”，回头一看，都收获寥寥。

他说作画和研究学问一样，两者都可以比喻为挖井，确定了位置就要深入挖下去，遇到石头也要挖出来，深掘进去才能见到水，千万不能盲目地到处刨坑。如果不肯下力气深入下去，那么刨多少坑都没用，永远也见不到水。这个比喻既生动又透彻，具有一定的哲理性，直到如今还影响着我。

他还几次提醒我，当你捕捉到一种感觉和值得表现的对象时或是一件作品的设计构思闪现时，千万不能轻易放弃。从构图形式到形象特征，从色彩基调到情感表现，尽力把能想到的都画出草图来。然后选出比较满意的构思加以完善，在此基础上画出正式画稿来，最后成果可能比较满意，也可能并不满意，但无论怎样都不是最后的终点。对于比较满意的习作，可以由此继续拓展开来；对于并不满意的习作，还可以回到原点重新修改和完善。

他特别强调，艺术劳动不仅要保持最初的敏感，还要苦苦思考和反复尝试，这也就是古人所说的“惨淡经营”，任何成绩的取得都不是轻而易举的。

在表现对象方面，他不拘泥于某种习惯或成熟的方法，而是探索着用不同的方法来表现。仅就他喜欢画的金鱼而言，他临摹过王青芳，学过吴作人，研究过虚谷，还到市里的花鸟鱼虫店去画速写，收集金鱼图片和邮票，凡是和金鱼形象有关的资料都不放过。他尝试着用多种方法表现，用侧锋扁笔涂抹出大形，用线来勾画轮廓，或用白粉画出鱼身和鱼尾，也用线勾结合填色等画法。再加上金鱼的造型变化多样，体型和

图11-19　寒鸦归林(中国画)　52cm×36.5cm　1961年

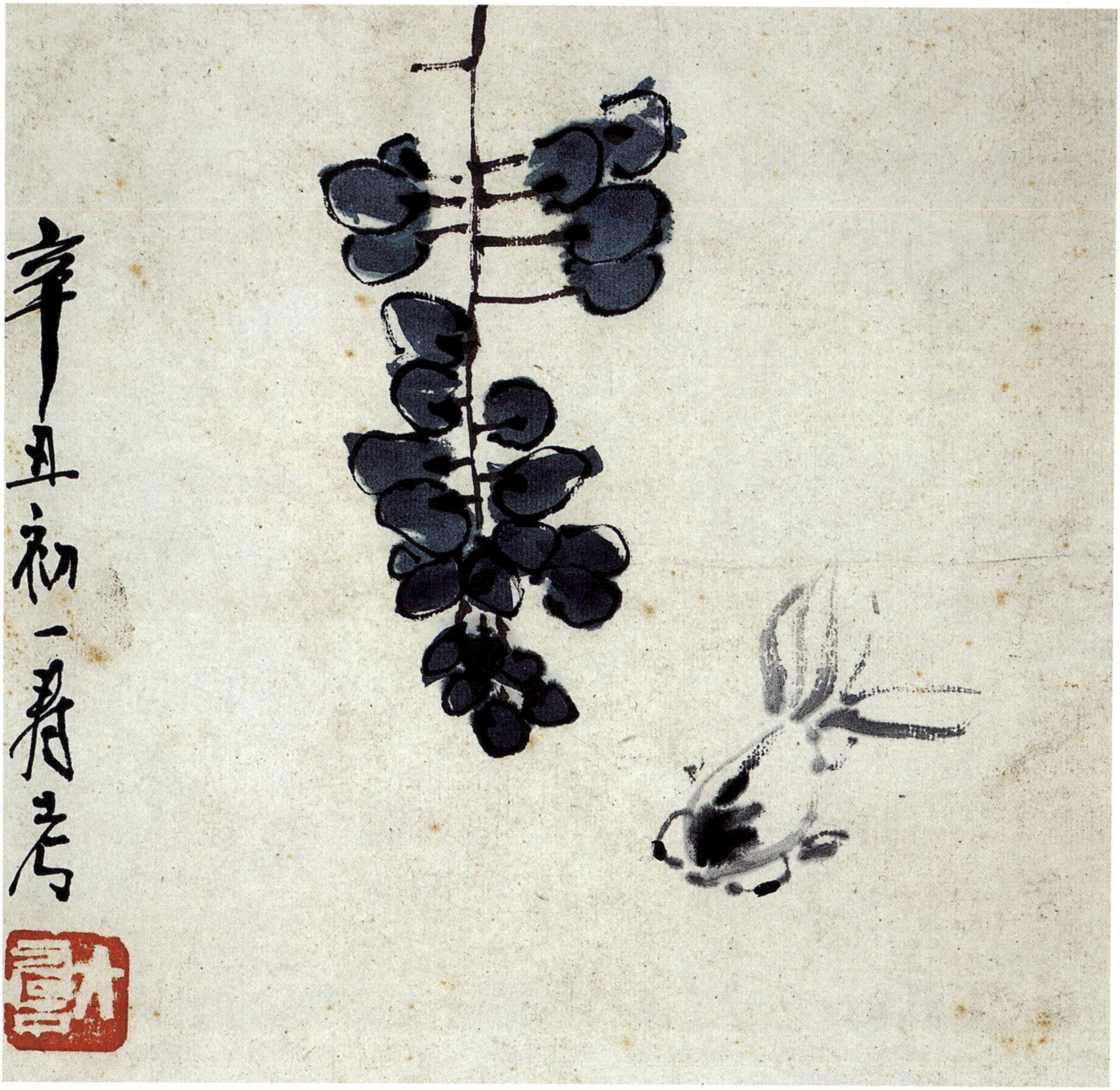

图11-20　闲适（中国画）　23.3cm×19.3cm　1961年

尾长各不相同，描绘出来的效果各具特点，使人看过之后觉得变化丰富，不会有雷同感。（见图11-20至图11-22）

他在学习和探索过程中，也曾经效仿过齐白石先生的“变法”。他想摆脱原来比较习惯的表现方法，尝

图11-21　三条金鱼（中国画）　23.8cm×29.2cm　1960年

图11-22　淡然游弋（中国画）　18.8cm×23.3cm　1961年

图11-23 葫芦（中国画） 24.3cm×30cm 1963年

试着放开来尽情表现。他画了大写意的葫芦和枇杷，都是小幅画用大写意的笔法来表现的，应该说还是很有自己特色的，也受到了朋友们的欢迎。（见图11-23、11-24）

但是，他用这种画法画了一段之后就停下来了，他很明确地表示，这只是一次不成熟的尝试，虽然也有一定的效果，但并不稳定，关键原因是艺术实践的修养和功夫还不够，没到变法的时候。齐白石衰年变法是有深厚积累的，如果技术和艺术都达到了一定境界，自然可以水到渠成，获得突出的进展。在艺术实践中，他具有冷静思考和理性自省的精神，这对于他在艺术和技术的把握和提高方面都是十分重要的。

把国画纳入中学美术教学中，他一直有着自己的想法，希望摸索出适合初中学生掌握的山水画，利用美术课的有限时间，能画出比较完整的国画。他曾看到过刊物上介绍齐白石的风景画，寥寥几笔，很简练，也很概括，画面内容十分达意，艺术性很高，在中国绘画史上也是很难得的优秀作品。他从这里受到启发，

图11-24　枇杷(中国画)　29cm×24.3cm　1963年

图11-25　远望帽儿山（中国画）　22.2cm×34.2cm　1960年

有一段时间专门研究和练习画这种简练的山水画，这里选印的几幅画都是他凭记忆和想象画出来的。他说是在用减法画画，已经减到不能再减了，画面虽然很单纯，但都是经过艺术提炼和加工的，应该说还是具有一定表现力的。看《远望帽儿山》这幅画，还是能够使我联想起少年时代，学校组织去野游的地方。《山上人家》和《小后山景色》都是他根据平时积累的素材，经过反复提炼概括而成的。（见图11-25至图11-27）

有一段时间，他还尝试着画过一册表现深远空间的风景画，也是用减法画的。画面空旷、辽阔、深远，但使人感到有点孤独和寂寞。我仅得到其中一幅，上面写着：“第十二幅画毕后，看来在本册中，有半数过于勉强，不当选用，但我性急，想早结束此册，便不能细审，望一旦有机会和人见，观者勿要批评，内中根由，画画人自明。”从这里也可以看出，他是在探索，也是在做实验，他自己没有把握，也并不满意。我感到他这个人思维很活跃，练习很勤勉，是永远不会停止思考和实践的。（见图11-28）

他在作画方面很重视构图的形式，有时也称其为章法，特别强调画面安排的合理和新颖，以求获得良好的视觉效果。他对构图方面的思考和探索先是从画草图开始的。根据以往的积累，同时发挥创造性，把能够想到的形式、格局、位置都画出来，相互比较和补充，最后才确定出合适的构图。

他注重一幅画在正式描绘之前，构思阶段要千方百计寻求和确定景物如何安排，采取理想的形式表现。

图11-26　山上人家（中国画）　14.7cm×19.8cm　1960年

图11-27　小后山景色（中国画）　22.4cm×34.8cm　1960年

图11-28　寂寥的湖上（中国画）　22.3cm×34.7cm　1960年

他从来不忽略在画作完成之后，仍然还存在调整构图的可能性。对所完成习作的构图进一步审视，吸收摄影构图剪裁的方法，再作进一步的调整，也就是对已经完成的习作进行剪裁。我见过他把一张画，折来叠去，找出他认为最合适的构图，然后把不需的部分裁去，他认为这种构图方法可以比较集中地表现主题。这幅《叶的衬托》原来的构图比较死板，让人感觉画面有点空泛和一般化。经过他的剪裁，画面突出了叶子与花的衬托关系，呈现出一派生机。（见图11-29）

在他的国画作品中，《荷叶下的金鱼》这幅画的构图，是最为别致和新颖的，受到许多人的好评。他坦诚地告诉我，这幅画的构图不是一开始就想出来的，是从一幅小的立幅长条画中裁出来的。他认为构思过程中确定构图，有的是根据预先设想画出来的，还有的是在过程中发现的，这两种构图方法都需要，千万别给自己设限制，没什么清规戒律，最终看的还是实际的表现效果。（见图11-30）

他在美术教育园地里倾心投入，辛勤耕耘，总是想寻求最适合中学生的课程内容。他的思维方式是多向的，思考的问题是有深度的。在探索中西画表现方法融会的探索过程中，他画水彩画吸收国画的用笔，肯定而见笔触；他画的国画，在色彩方面也吸收了水彩的技法，使用水彩颜料来作画，取得很好的艺术效果。

对待美术教学和作画的纸张、颜料等，他从来没有过分的要求。在物质条件比较差的情况下，还要坚

图11-29　叶的衬托（中国画）　24.2cm×29cm　1963年

图11-30　荷叶下的金鱼(中国画)　25.9cm×30.4cm　1960年

持把事做好，把画画好，就要学会充分利用现有材料，发挥其性能和特点，这样还是可以获得比较理想效果的。他认为学画的条件好，那是最理想的了；条件差克服困难也还是要画的，不能过分强调条件，最好还是多想办法。在克服困难中去画，是一种锻炼，也可以说还有创造性艺术劳动的成分。

1963年夏天，他在百货商店买了一把最便宜的白纸折扇，这种纸的质地本不适于书写和绘画，但他却尝试着在普通纸制的折扇上画画和写字。由于他很细心地去适应纸的特点，变换着方法来勾线和着墨，居然出现了像画在宣纸上的效果，别有一番意趣。他送给我这把折扇，我用了两个夏天，当时虽然喜欢却没有珍视，他去世后，我才把扇面拆下并装裱起来，很遗憾，已经有点旧了。(见图11-31)

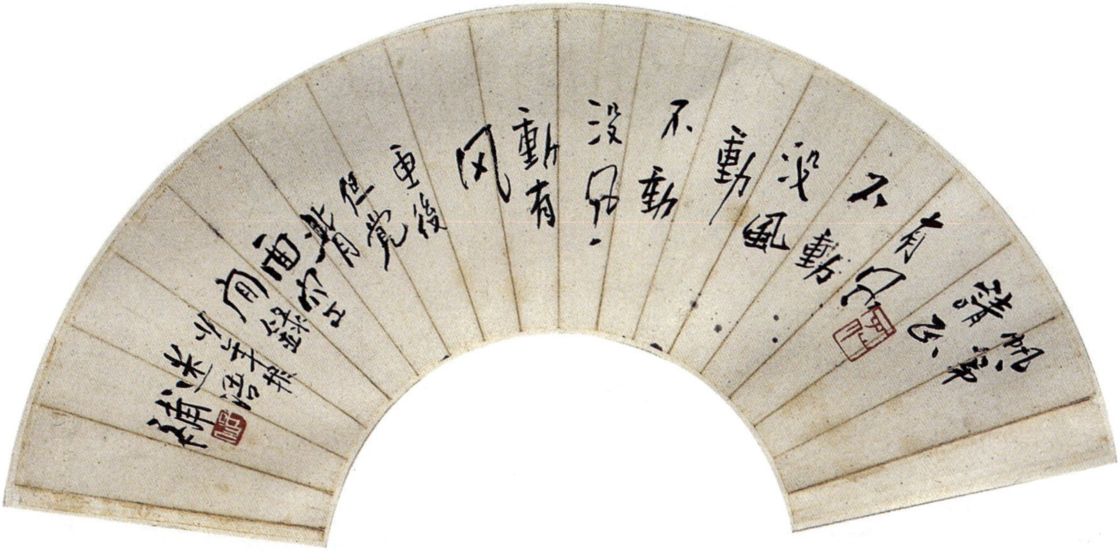

图11-31　扇面（中国画）　13cm×45cm　1963年

欣赏他的绘画作品，回顾他自学的经历和艺术劳作的历程，在不到十年的时间里，盛寿考以一颗平常心对待生活和工作，他的收获可以说是丰硕的。这些习作展示出了他良好的文化艺术素质，也体现了他探索的精神和创造的智慧。

十二、诗意地表现自然

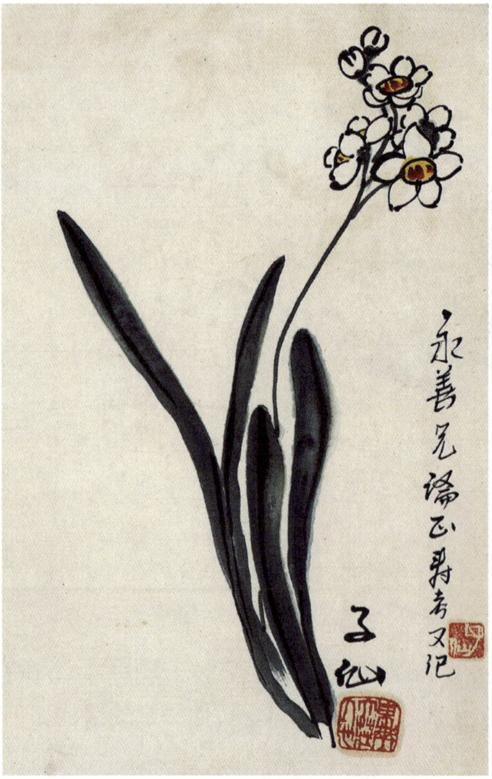

图12-1　水仙（中国画）　33.5cm×22cm　1955年

一个人的成长，常常与童年时的爱好和兴趣分不开，特别是学艺术更是这样，那种发自内心的兴趣会决定一个人终生的爱好乃至职业。

盛寿考的父母都是农民，对美术谈不上了解，只是有一种朴素的审美爱好，看到有意思的画也喜欢。盛寿考在画画方面有一定天赋，他很小就自发地画来画去，运用儿童画那种简单的表现方式画画，上小学的时候就能画很多东西了。他画的虽不“准确”，却能表现出一定的特征，幼稚而天真，那是童趣的表现。母亲当然很喜欢，说他“画花像花，画鸟像鸟”　。

他谈到在小学时候画画，想怎么画，就怎么画，没有人束缚，自由发展，很是尽情。实际上他是在发挥想象力，表现他认为有兴趣的东西。他的画受到周围人的夸奖，美术老师给他评最高分，这当然令他挺高兴，使他也有一种成就感。

他通过自己学画的经历，体会到从小培养学生的兴趣和爱好很重要。他回忆在小学那段时间里，对绘画的兴趣特别浓，而且得到了鼓励，形成了比较稳定的爱好，那对以后的学习和发展，都具有重要的作用。

他认为，对待小孩画画的态度，应该是多夸奖、少批评，鼓励为主，相应引导，别把成年人的眼光作为评价孩子绘画的标准。但是小孩从儿童画进入到成人绘画的最初阶段，多是脱开了自由描绘，从模仿绘画开始的，这个阶段应该给他们有针对性的指导，提高他们的审美能力和选择能力。

图12-2　小猫画稿（中国画）　22cm×33.5cm　1955年

盛寿考和我交谈怎样教学的问题时，曾经就如何引导学生开始学画这一问题谈了看法。这是他从担任美术教师之后，一直关心的问题。那时，他已经有多年从事基础美术教育的经验了，他觉得要“顺其自然”，千万别强求一致和追求规范。但顺其自然决不是放任自流，更不是排除引导和教育，重要的是方法应该多样，不能用一个模式束缚学生才能的发展。基础美术教育，其目的不是为了培养美术家，而是在为国家培养多方面人才的工作中，完善他们的知识结构，使他们不仅精通自己的专业，而且懂得欣赏美术，掌握基本的美术技能，这对于从事任何工作都是有益的。美术在开启人们形象思维方面具有独特的作用。

联系到他学习绘画的过程，他很坦率地讲，家里穷，没条件找老师学画，自己画不出什么来的时候，就想办法找杂志、报纸上的画照着画。他学画是从临摹国画开始的，最初主要是画花卉，还画点草虫之类，因为喜欢，所以画起来很投入。画多了，自然不用照着画册也能画了，其实就是背临、默写。画熟练了，就不用完全按照原来的样子画，自己开始会变换着形式画，但从本质上讲，还没有脱离原来的样式和方法。

当意识到要表现个人的所见所想时，他不满足于停留在模仿的阶段里，他开始尝试着用自己的绘画“语言”表达，想表现不同于模仿对象所具有个性样式的时候，也可以说学画进入到最初“创作”的尝试阶段，新的学习阶段开始了。这是一个艰苦而漫长的历程，要坚持不懈地走下去，不但要勤奋地实践，还要多读书、多思考，只靠“埋头苦干”是不够的，单凭热情也是不行的，必须要有比较深入的认识，还需要有一定的想法，在实践过程中再行修正和完善。

最后他问我：“你们从事美术设计的也是这样吧？我想无论学什么，总要经过模仿的阶段,不能因为没有创造性而否定了模仿。模仿是学习的过程，不是目的，最终目的还是为了创造。”虽然他说这些话是在四十多年前，但他当时深入思考和平静叙述的神态至今还留在我的记忆里。

从我保存的他的习作中，按照时间的顺序排列起来，可以清楚地看到他成长的轨迹。如同他讲的一样，他的绘画习作本身诠释了他在探求过程中的思路。这两幅小画是他在学习过程中比较早期的习作，模仿的痕迹很明显。（见图12-1、12-2）

图12-3 池塘春草（水彩画） 15.8cm×21.4cm 1961年

本书选印了盛寿考在高中时的部分绘画习作，借此了解到他在学画路上是怎样走过来的。从这些早期的习作中，可以看到他在学习过程中，模仿阶段画的特点，他着力把握的还是表现技法。

他真正从模仿阶段走出来，进入到尝试性的创作，还是从1958年他被下放到江北之后开始的。在这之前，通过大量的临摹，他学会了一定的绘画技法，初步掌握了表现物象的能力，开始注意笔墨的运用，认识能力和艺术修养都得到提高。他到江北之后，心情感到舒畅，特别是三年经济困难时期，政治学习和开会的时间少了，作画的时间也就多了。他充分利用所谓的“劳逸结合”来作画，自觉地珍惜生命中有限的时间去读书，这是学校老师们有目共睹的。

而他所生活的自然环境处处散发着作画的灵感和激情。在20世纪五六十年代，哈尔滨的松花江江北地区还是农村和未开发的荒郊野地，有平坦的黑土地，也有散落着水泡子的沼泽地。池塘春草繁茂，丛生的灌

图12-4 池塘边的秋天（水彩画） 16.6cm×24cm 1960年

木遍布水边，整齐有序的水稻田和周围的芦苇杂草交相呼应，在平阔的原野上错落变化，由近及远，延展开来，层次丰富，令人心旷神怡。

田间和池塘边的小路纵横交错，确实让人感觉到大自然与人和谐相处的意味，辽阔平坦却不单调，给人以舒展的亲切感。他看到了周围许多美好的景物，陶冶人的情操，抚慰人的心灵，让他感到从未有过的沉静、平和。面对广袤的松江平原，一切景物是那么豪放和有气魄，他的内心是舒展的。于是他就全身心地投入其中，尽情地抒发自己的感受。（见图12-3、12-4）

崇山峻岭是一种神奇的壮美，气魄雄伟，令人叹为观止。平川阔野也有其独特的美，散落在其中充满乡情的景色，排列错落的农舍，弯曲有致的乡间小路，蕴涵着最平凡朴素的美。他喜欢这种淳厚的美，因为有亲和力，所以愿意去表现，也努力教给学生去观察，让他们尝试着画出来，认识家乡的美，从中去发现和领

图12-5 远处的农舍（水彩画） 19.5cm×26.6cm 1963年

悟大自然的美和田园的美。在他短暂的一生中孜孜以求，他最宝贵的八年时光，就是从这里开始的。（见图12-5）

张正宇先生对盛寿考的画很感兴趣，这还要从他儿子张羽立那里说起。那是在1974年前后，张羽立在我宿舍的墙上，看到盛寿考的画，特别欣赏，认为很精彩。回家之后，也不知如何向他父亲描述了一番，引起了老先生极大的兴趣，他通知我把盛寿考的画带去家中给他看。我挑选了四五十幅国画和水彩画，一起送到他家中。因为都是小画，不方便挂起来看，他把画案收拾干净，把画摆开来，一张一张地仔细欣赏，看过之后很开心，用那颇有无锡味的普通话笑着说："这些画蛮有意思。蛮好，我喜欢。"

张正宇先生是一位性格开朗而幽默的老先生，有什么说什么。他说："我喜欢，这些画很难得的是没有什么清规戒律，看起来很轻松。我想，这种画作者画起来可能并不轻松，需要功夫，需要修养，还需要有良好的心态，不然不会画得如此有情调，吸引人。把画放在这里，我要多看几天。"

他让我把画留下来，想再仔细看看，同时让张羽立也学一学。半个月后张羽立到学院来，归还这些画的

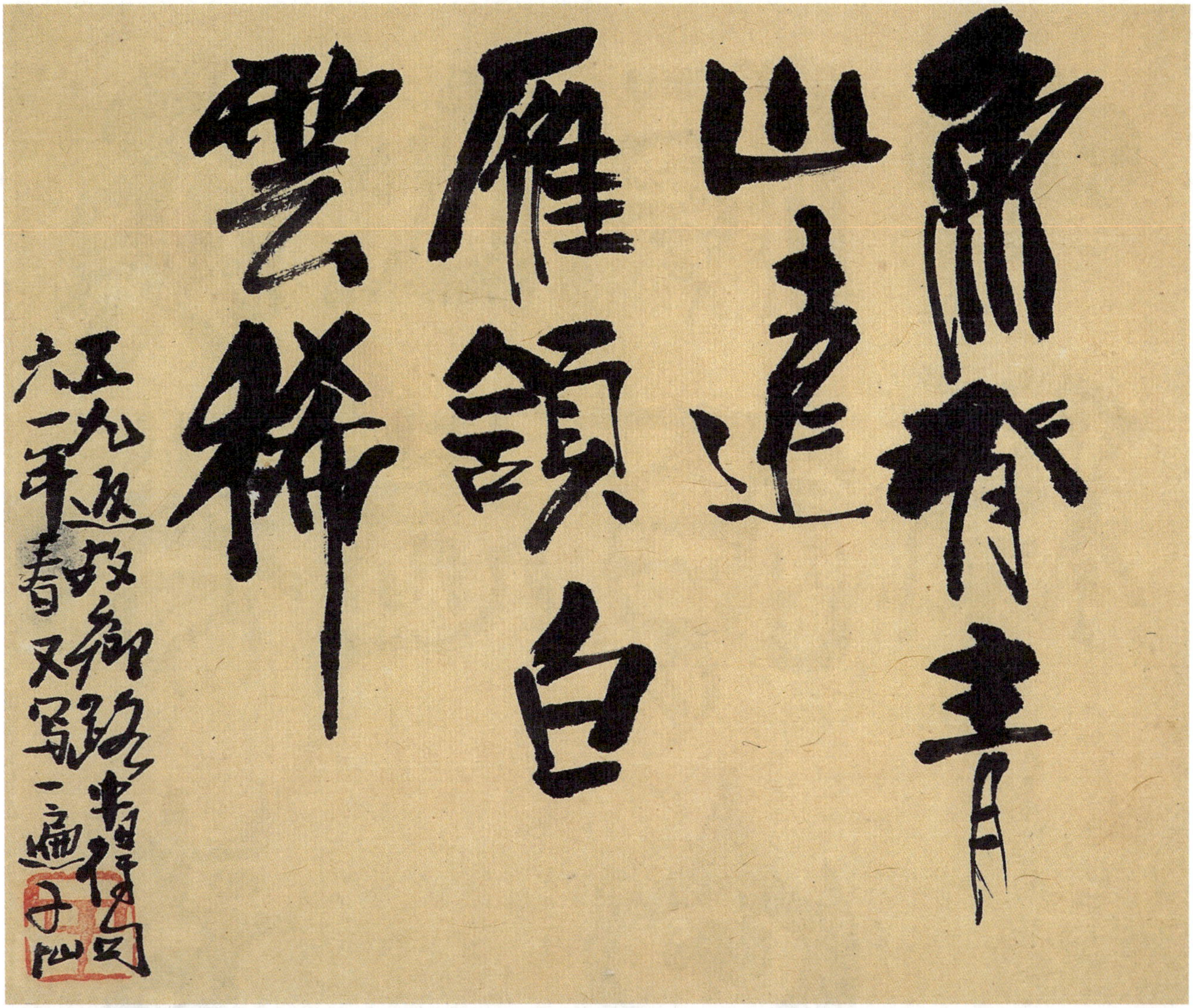

图12-6　青山远（书法）　14cm×15.6cm　1961年

时候，还带来张正宇先生的一幅书法。张先生把盛寿考写的那幅“鱼脊青山远，雁颔白云稀”的诗句用他那篆隶结合的书法，写了一张斗方送给我。（见图12-6）

后来，我考虑到给盛寿考的弟弟盛寿柱留个纪念，又去了张正宇先生家，请他题写上赠送给盛寿柱的字样，作为留给弟弟的一个难得的纪念。（见图12-7）

浏览盛寿考的国画，虽然画幅不大，但每一幅都有特点，画中蕴涵着一种使人感觉亲切的情感，耐人寻味。可以看出，每一幅画都是着意构思，经过反复经营才完成的，还有的是以敏锐的感觉观察自然，迅速而准确地记录。他的画幅虽小，不可能咫尺有万尺之势，却有超越局限的意度，容纳了丰富的感情。从他遗留

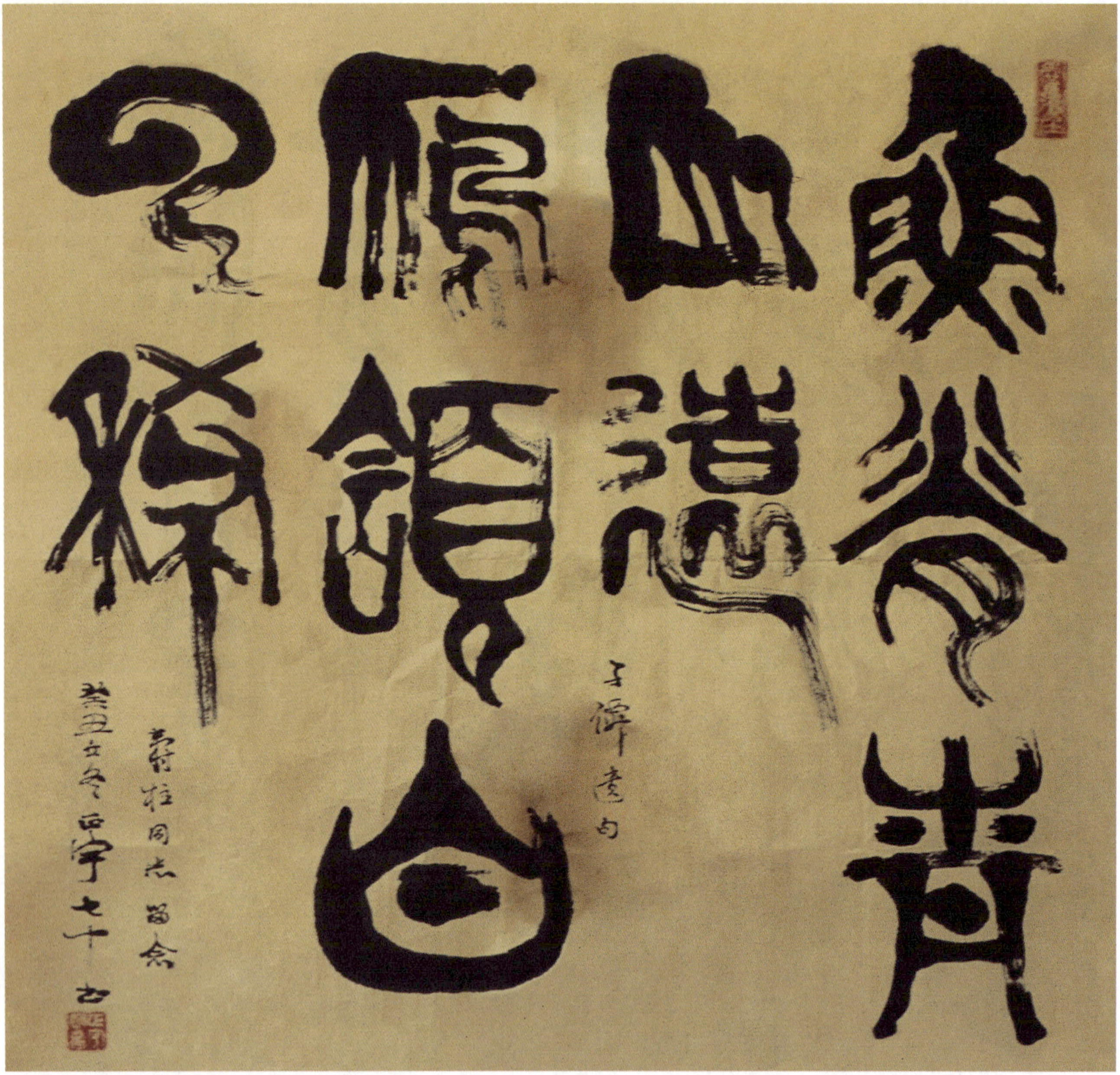

图12-7　张正宇书写盛寿考诗句（书法）　1973年

下来的这些小幅画稿中，可以看到他的观察方法和构图特点。他是强调关注生活、不断积累的，通过这些小幅的色彩画稿，可以看到他勤学苦练的精神。（见图12-8至图12-11）

盛寿考积累了很多构思的草图，翻阅这些草图可以了解到，他的一些比较精彩的习作是如何产生的。他

图12-8　夏风（水彩草图）　15cm×20.1cm　1961年

的构思草图是一种符号，是画给自己看的，是思维过程的产物，是发挥想象力的记录，也是对下一步创作的提示；是培养创作能力的有效手段，也是素材的积累；是寻求新的表现形式的过程，也是全部学习活动中，不可忽略的有机组成部分。（见图12-12、12-13）

他的小幅国画基本都是写意画。他对写意画的理解很朴素，写意画都是通过写形而写意的，通过写意的手法来表现对象。写意是象形取意，就应该让人感觉到有意思、有感情，形象中蕴涵着神韵和寓意。作者的思想要有一种境界，这样才能写出意味，让人喜爱，感觉是美丽的图画。

构思创作过程，想画出好的写意画，关键是需要有感情，首先必须对所表现的景物有兴趣，认识到所要表现对象的美好形态和内蕴。他能视飘落的红叶为红雨，极富联想的思维方式为画面营造了独特的艺术氛围。(见图12-14)

他直言不讳地讲，只有对艺术真正热爱的人，才会是一个勤奋的人。勤奋不能靠强迫，要顺其自然，养

图12-9 水塘边的红房子（水彩草图） 16cm×21.3cm 1961年

图12-10 池塘红鲤(水彩草图) 13.6cm×19.3cm 1961年

图12-11　夜色朦胧（水彩草图）　18.6cm×22.7cm　1959年

图12-12　山水草图　1961年

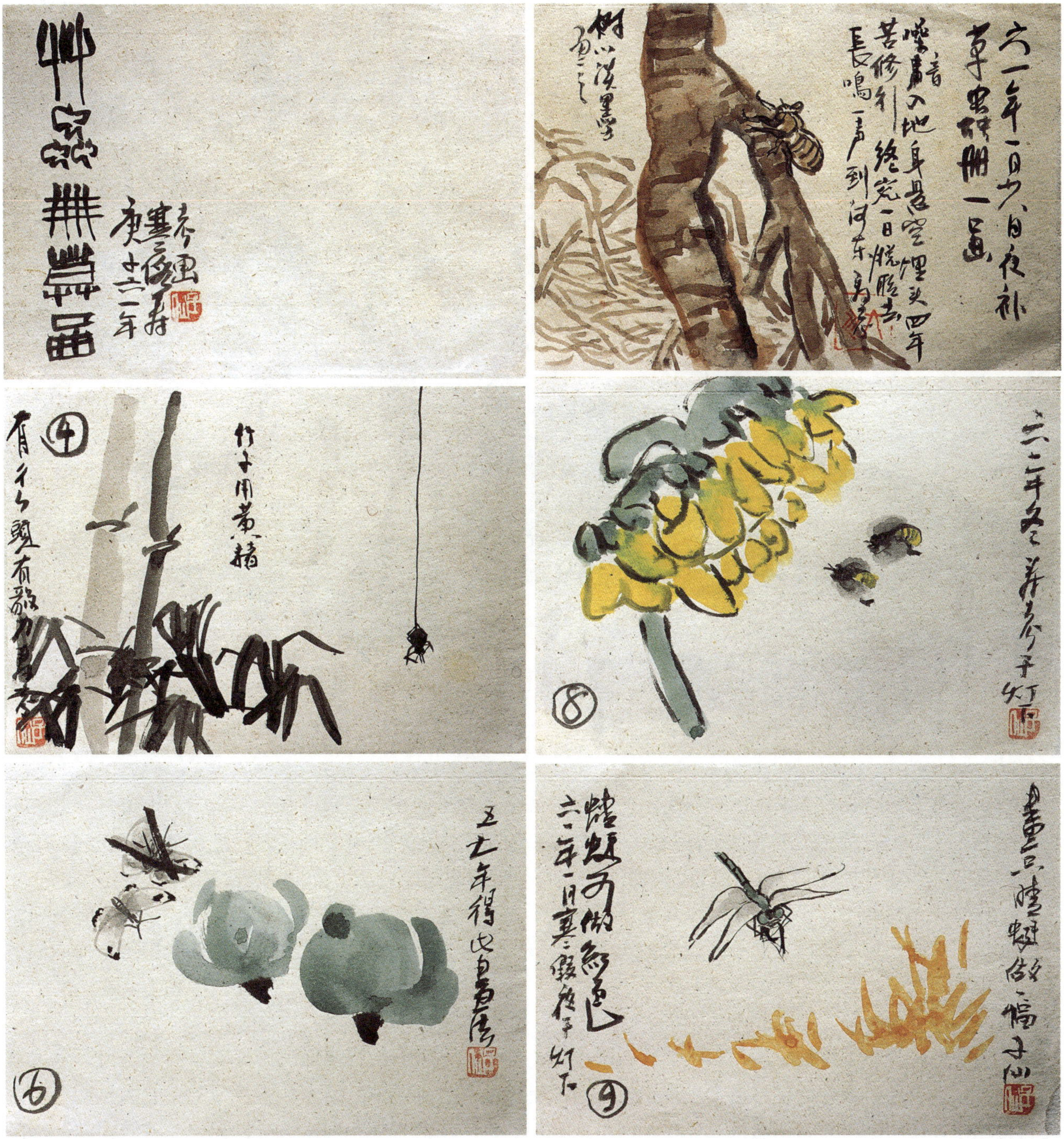

图12-13　草虫草图　1961年

图12-14　阵阵红雨倾下来(中国画)　16.9cm×23cm　1961年

成习惯，勉强是画不出好画来的。他认为，艺术是感情的表现，它是受感情驱使的，感情的力量是“取之不尽，用之不竭”的。他是一个感情丰富的人，满怀热情去感受这一切，默默地在自己的土地上耕耘，对于美好的大自然，他怀着真情去体验，用诗人的眼睛去观察，怀着对母亲的虔诚去拥抱、去描绘。

在他的国画草稿中，还有些是尝试用笔墨表现效果的。他很重视笔墨技巧和意蕴，习惯于做不同表现方法的尝试。其中，有的用指墨点染，也有的用画笔涂抹；还有的是一个构思，变换着线条的排列与构成的方法，采用浓淡差异、粗细变化、运笔快慢等不同技巧，探索和追求笔墨的韵味。很简洁的构图，在他的笔下可以表现得意态俊逸。（图12-15至图12-18）

在生活中，许多很平常、屡见不鲜的景物，在他的画笔下却富有诗情画意，闪烁着生命的活力。他“善于挖掘平凡事物中不寻常的美，善于发现平素不易被发觉的现实生活中的诗意”。在司空见惯的平凡之中去发现美，按照个人的理解和体验去表现美，这是他朴素的美学观。在他眼中，田野、荒甸、苇塘、溪涧、蓬蒿、草丛、野卉、鸟虫等等，无一不可以入画，在他笔下都寄托着美好的情感。凡是他认为可以入画的题

图12-15　指墨小鸟（中国画）　23cm×34.2cm　1961年

图12-16　田边所见（中国画）　21.8cm×24.7cm　1959年

图12-17　日暮入林（中国画）　14.6cm×20cm　1960年

图12-18　日落林间(中国画)　22.2cm×34.4cm　1960年

图12-19　水塘中的蝌蚪（中国画）　19cm×23.2cm　1962年

材，经过他的深思熟虑、反复推敲，就会表现在他的画面上。他的这些习作，虽题材和幅面都不宏大，可谓真正的小品，例如，水塘中的蝌蚪也可入画，会使人感到意想不到，却又觉亲切和美好。(见图12-19)

他常谈到，在现实生活里，有许多时候，在许多地方，或田间劳作，或羁旅途中，或漫步郊外，当时看到的景物也许感觉极其平淡，不见得有多么动人，但是在日后回忆起来，却能唤起许多难忘的记忆和美好的遐想，令人怀念和神往。他认为这也是记忆中的瑰宝，用诗和画表达出来就别有一番意味。但是要把这种感觉和气氛展现得那么生动和贴切，那么深沉和幽远，是非常不容易的，特别是要用绘画表现，比用诗词吟诵传达更难。

他一直默默地在这方面下苦功。

图12-20　深深的海洋（中国画）　19cm×23cm　1961年

他回故乡探亲的路途很遥远，舟车行旅之中，是离开世事纷扰，静思默想的好时间。他乘火车从哈尔滨出发到大连，然后转乘海轮到龙口，再乘坐卡车到西由镇，方可以步行到家。每次回故乡探亲，他都有一种难以言说的心情。回乡的路上归心似箭，希望早一点见到父母；返回学校的路上，带着对家里生活困境的牵挂，萦回在眼前的是两个辍学的弟弟，四个瘦弱的小妹妹，瘫痪在炕上的奶奶，还有父母亲愁苦的面容，他真的感到心力交瘁。

但是，他并没有因为眼下难以改变的困境而气馁，而是顽强地坚持对艺术的追求。他每次回故乡，在收集素材方面都有所收获。有一次他在龙口乘船离开，轮船向北驶去已经很远很远了，有一只海鸟还跟在船后飞翔，海浪在起伏，海鸟时高时低，低着头盯着深不可测的海洋和轮船驳动翻起的浪花，迟迟不愿离去。看着眼前的情景，有一种无法表达的孤寂感向他袭来。他回到船舱，赶忙把这种感觉画了几幅构思草图，返回哈尔滨之后，画成了水墨画《深深的海洋》。我很理解他画这幅画的心情，深知其中所要表达而无以言状的情感，以及为什么会在满含着忧郁和伤感之时，那么淡定和缄默。（见图12-20）

他是在绘画中寻求感情的寄托，为了抒发胸中抑郁之气，勤奋地寻觅表现题材，投入到构思和绘画之中。一直不满足于自身的观察能力和感受能力，更不满足于自身已掌握的绘画表达能力，他细心地观察周围环境，把许多美好的景物，都用画笔记录下来。他描绘了枝头的小鸟，塘中的青蛙，落日的江桥，故乡的老屋，深秋的树丛……他的画是那么明净清越，恬淡的情趣和宁静的心境，都是他心中蕴涵已久的对生活真挚感情的写照。

他带学生走出学校，到田间去劳动，在休息的时候，有更多的机会观察青蛙。他是个有心人，自然有所领悟，下乡归来就画了多种姿态的青蛙，并加以选择和配景，组合成此画，并题写文字记之。（见图12-21）

他的画所表现的内容主要来自两个方面，用他的话来讲，所画的大多是两个故乡的景物。山东莱州是他的出生地，这是第一故乡，如同生母，赐予生命，哺育恩情，永远不忘。哈尔滨是他成长的地方，这是第二故乡，如同养母，培育成长，养育之恩，也不会忘。他对两个故乡都有割舍不断的情感，都有真情实意，所以才能画出有感情的画来。

在他的习作中，洋溢着诗意的情怀，通过画面的情感抒发，使人感到温馨馥郁。在那些小小的画幅中，渗透着他真挚的情感，其中有他怀着善良的心对故乡的亲近；有在困顿中生发的忧伤；有对老师和亲友的眷恋；也有怀着美好愿望对未来的憧憬。他是以一颗平常心对待人生的，同样也是以平常心作画的。（见图12-22）

他不追逐名利，不患得患失。曾老师把他的画送到市里参加展览落选了，他很坦然。他说：“我不是画家，只是一个农村中学的美术教师，教孩子们画画是我的职业，我的画是给孩子们看的，还有是送给同学和朋友的，都不能登大雅之堂，选不上是很自然的。”他自己是不愿送画去展览或发表的，深知这些画在当时是不入流的，有自知之明的人不会强求的!

确实，他的许多画都是为学生上课欣赏而作的范画，还有的是自我释怀的抒情之作。他的绘画受到学生们的喜欢，得到朋友的鼓励和承认，他认为这是对他最大的安慰和嘉奖，也是他辛苦劳作之后感到愉悦的地方。这就是他精神世界的追求。

图12-21　劳动回来画蛙（中国画）　32.8cm×28.2cm　1960年

图12-22 怡然自得（中国画） 24.2cm×29.7cm 1963年

十三、内心丰富的色彩世界

盛寿考学画是从最初的爱好、随意描画开始的。到初中以后临摹国画，进入高中之后比较正式地向曾耀宗老师学画水彩画，但他更多的时间和精力还是用在学习国画方面。特别是刚参加工作的头两年，他很少画水彩画，因为没有时间和条件，偶尔尝试也不是很理想。我还保留着一幅他去江北三十一中之前画的水彩画，比他到江北之后画的习作有很大差距。画得不理想的主要原因：一是练得少，二是去向不明，正等着接受处理，心神不定很难画出好画来。1958年6月画的《绿树的喧哗》，就是属于彷徨阶段的习作(见图13-1)。

他真正投入精力画水彩画，还是在1958年秋天到江北三十一中之后的事情。那里的色彩世界完全不同于城市，有“落日时金黄的叶，暮春的风，初秋的雨”。季节的变换，色彩的幻化，使他的精神世界为之振奋和愉悦，甚至是感动。即使是白雪皑皑的冬日，也像变化丰富的乐章中的休止符或转调，使得色彩多样的大自然转换为单纯含蓄的统一色调，也同样感染着人。

松花江北岸的田园氛围使他感到新鲜而亲切，周围的一切都是那样质朴自然，整个环境很少有人工雕琢的痕迹。农家的房屋浑厚古拙融入自然环境之中，使人感觉到一种原初的淳厚粗犷的美。

他运用国画的笔墨和颜色表现色彩如此丰富的景象，感到不能尽情时，就拿起水彩画笔尝试着描绘江北浓绿的夏日和金黄色的秋天。开始画水彩画并不顺利，不自觉地就会陷入单纯的技法操作之中，追求水彩的清澈、透明、流动、淋漓，其结果不但没掌握这些技法，反而难以表现景物的特点和心中的感受，只好停下一段时间来思考。

盛寿考是一个有思想深度的人，学习精神是很顽强的，但决不强撞硬碰，而是讲究方法，注重学习的实际效果。他努力探索运用水彩这种工具表现塞北的景色，这是没有直接经验的，但可以从间接的经验中借鉴。他借来画册，研究关广志、李剑晨等名家的技法，又去请教曾耀宗老师，想寻求一条似乎可走的路。曾老师说的好，要多看那些著名的水彩画家的作品，从中受到启发，还要考虑他们的技法和表现的对象应是一致的，不能生搬硬套，要认真思考，反复试验，摸索出一套适合自身特点，又能表现塞北景物的方法。曾老师的话使他茅塞顿开，返回到江北他就开始了尝试。

1959年他开始试着画了一部分水彩，用他的话来讲，像是中学美术课的学生作业，很认真，也很忠实地描绘对象；形很准，色彩也比较接近客观实际，就是缺少塞北风光浓重豪放的精神面貌。

最后获得的效果平平，没有什么情感，也没有什么特点，不好也不坏，只能说是不成功的。我很想向他要一幅这个阶段的画，可是他都随手送人了，觉得没有什么保存价值，但我却觉得很可惜。

我保存盛寿考画的水彩画习作，编入本书中的最早只有1955年画的《铃兰花》，其余多是1959年之后画的。这幅《松花江北的夏天》（见图13-2）是盛寿考到江北之后比较前期的习作，但可以看出他的水彩画已经在寻求自己的语言表达方式了。

1960年是他的水彩画形成自己风格的开始阶段。他把对大自然的认识，用颜色概括地表现出来，突出了人赋予景物的情感表达。通过色彩的描绘，把人的意识融入所表现的氛围之中，传达着人对自然的感受和情绪。

图13-1　绿树的喧哗（水彩画）　18.4cm×23.8cm　1958年

图13-2　松花江北的夏天（水彩画）　20.2cm×26.7cm　1959年

图13-3 青龙池（水彩画） 17.5cm×26.3cm 1960年

图13-4 太阳升起（水彩画） 25.1cm×18.2cm 1960年

他特别重视强化所要表现的感觉，既追求对象的真实性，又发挥想象力。不仅在构图方面，而且在造型和色彩领域也发挥想象力，诗意化地理解所描绘的景物，并且在寻求与探索中，形成了独特的表现技巧，因而能够具有较强的感染力，形成鲜明的艺术效果。（见图13-3）

爱因斯坦曾经说过：“想象力比知识更重要，因为知识是有限的，而想象力概括着世界的一切，推动着进步，并且是知识进化的源泉。”盛寿考读过关于介绍爱因斯坦的文章，尤其欣赏其对想象力的论述。

读书总会引发他许多思考。他认为，不仅在科学技术发明领域需要发挥想象力，而且在艺术实践中更需要发挥想象力。没有想象力就不会有创造，只有借助于想象力，创造性思维才能得以发展，实践活动的目的性才会变得更明确。他列举印象派大师的创造，如果他们没有想象力，怎么能发现雾是紫色的；如果没有想象力，凡·高怎么能把成熟的麦田表现得那么生动而富有艺术魅力。

在与他经过多次交谈之后，我对他的习作有了一些新的看法。他认为所谓习作不仅仅是练习技法的过程，也是学习创作构思的作业，二者相互交融，相互补充，前者不能少，后者也不能缺，两者紧密结合，是从习作进入创作的途径。他正是发挥了想象力，所以色彩加强了感染力，虽然所描绘的景物和运用的色彩并不复杂，但他能把握住基本的色调，达到统一和谐的效果。他画的水彩画有情调、有意境，欣赏他的水彩画是一种美的享受，不仅各有特点，而且内涵丰富。（见图13-4）

在水彩技法方面，当时对苏联的水彩画家克里马申介绍比较多，尤其是在中国流行的苏联《星火》杂志，不断刊登他的作品，这对中国的

图13-5　秋艳（水彩画）　20.3cm×26.1cm　1960年

水彩画爱好者影响比较大。盛寿考对其技法之老练、水分掌握之纯熟，表示十分钦佩，只是觉得像是看纪录片，比较理性，不耐看；不像故事片，生动有趣，有感染力。他认为可以学其技法，但是必须明确，要努力形成自己的特点，这和他自身的文化修养分不开，他认为还是应该吸取传统绘画的理念，注重用写意的思维方法去表现。

盛寿考的水彩画受写意国画的影响，用笔是肯定的，落笔后就不再去涂抹，画一笔是一笔，笔触很清楚。他到江北安下心之后，开始画的水彩画多运用类似点彩的方法，不仅用点，还用点和线结合，画出物象的轮廓线，不强调突出表现景物的明暗和起伏变化，用近似平涂和勾线的方法形成一定的装饰性，突出其形象特征，视觉效果形式感是很强的。（见图13-5）

盛寿考在把握每幅画的色调方面，显示了很强的表现能力。例如，他的习作《瓶花》，同是一组静物，画了两幅不同色调的习作：一幅是用水彩颜料描绘的赭色调为主的静物画；另一幅则是尝试用国画颜料画水彩画，以花青为主调，稍加赭石和藤黄画成的静物画。所达到的效果异曲同工，不仅各自色调明确，特点突

图13-6　瓶花（水彩画）　32cm×24.6cm　1963年

图13-7　瓶花（用国画颜料画的水彩画）　32cm×24.6cm　1963年

图13-8　远处的工厂（水彩画）　19cm×26cm　1961年

出，而且都形成了优美丰富的艺术效果。（见图13-6、13-7）这两幅静物画都是很优秀的习作，只可惜他当时生活窘迫，为了节省纸张，把两幅画分别画在了一张纸的正反面上。

盛寿考的画多是寻常小景，没有什么名山大川，也没什么名胜古迹，都是他身边的景物，在他的笔下却都充满情趣和意蕴。他曾经不止一次地谈到，在生活中，有些平常屡见不鲜的景物，如果不去认真观察，很难发现其美的所在。但是你把它画出来，就是通过形象描绘记录当时的氛围和感受，不仅锻炼了表现景物的技巧，也培养了赋予作品情感的修养，这是很重要的一种认识和积累，是不应该被忽略的。

他对江北三十一中的周边环境都很熟悉，在四季变化中有着不同的切身体验，他还从来没有产生过所谓的审美疲劳，一直都保持着浓厚的兴趣和新鲜的感受。他的观点很明确：自然界有许多美好的东西，我们不一定在短时间内都能认识到。但是，通过认真的观察和描绘，你会发现平常视而不见的景物中蕴涵着丰富的美。因为通过描绘，用你的情感去画，你能更深入地体会到对象的特点，更贴近对象，更了解对象，从而才

图13-9　夕阳的感受（水彩画）　19cm×26.2cm　1960年

能发现被忽视了的美。正因为如此，他更喜爱江北三十一中周围的一切，每次描绘都会有新鲜的感觉。在他的眼中，水草丛生的水塘、树木掩映的农舍、错落有致的农田都是美的，甚至把远处的厂房、烟囱和树丛收入画中加以组合表现，也可以构成美。所以说，绘画既可以帮助人去发现美，又能引领人去创造美。（见图13-8）

他曾向我介绍画《夕阳的感受》的经过：有一天傍晚散步，走出去的路比往常要远。回来的时候，正值夕阳西下，霞光返照，色彩十分漂亮。他站在那里，一直看着太阳落入地平线，感觉非常壮观，真正领悟到了大自然的美丽，那是多么令人神摇意夺。回到“廊室”静下来后，他回忆起当时的情景，捕捉刹那间的感觉，用水彩勾画了几张构图稿，作为最初印象的记录。

第二天傍晚，他带上构图草稿，准备了水彩颜料、画板和画凳，坐在昨天经过的地方，等待落日西下，快速地捕捉和记下具体的色彩变化，回来之后画了一张比较正式的色彩构图，看了之后感觉接近最初印象，

图13-10　阳光灿烂的校园（水彩画）　20.6cm×26.3cm　1962年

只是画面有些单调。于是再一次去观察，发现水塘边有一间小木屋，因其貌不扬而被忽略了。这次速写下来，连同打井的架子，回来又重新组织构图，画了两次，才算完成了这幅习作。（见图13-9）

他的这幅画，在完成之后他才意识到，画上的小屋和井架在画中还是挺起作用的。他画的许多幅水彩画，不都是对景写生，有一部分是要经过反复几次修改和调整的，直到满意为止。他认为自己不是那种一挥而就的天才，有一些风景写生画，不是对景一次写生就能完成的，而要靠反复观察、感受和表现，多下点工夫，多画几遍，才能弥补表现技法的不足。

他的这幅画所描绘的夕阳与众不同，仔细看会发现太阳的周边染上了黑色，当问起为什么这样画时，他说这是为了衬托太阳的光辉，使太阳显得更亮。因为太阳是发光体，如果不用对比的手法，衬托不出太阳的光亮度来。作画是创作，千万不能拘泥于大自然原来的样子，完全如实地画就没法表现了。作画所追求的是

图13-11　雨后校园的氛围（水彩画）　19cm×26.2cm　1961年

画上表现的效果如何，为了最终的视觉感受，画面的表现可以不择手段，这就是他在作画时信守的原则。他认为，做人要老实，作画不能太老实，不然，忽略了情感，一味追求真实，会僵化的。

为了提高自身的观察能力和感受能力，他给自己定出训练课题，通过艺术表现的实践作业，提高色彩描绘的感情表达能力。为了锻炼这种能力，他选择了以最熟悉的三十一中学为描绘对象，在不同的季节、不同的时间、不同天气变化的情况下，进行绘画表现。对同一景物在不同的条件下，表现出不同的情调和不同的意境，能够感受到并捕捉下来再加以表现，是有一定难度的课题，但对于认识和运用色彩，却是十分有效的方法。

他画三十一中学的水彩写生画，虽然不能说每一幅都比较好，但可以说每一幅都是有一定特点的。从这些写生的命题，可以感受到每幅画要表现的主题和情景，这些画的题目是：阳光灿烂的校园、雨后校园的氛

图13-12　盛夏的校园(水彩画)　19cm×25.6cm　1961年

围、盛夏的校园、记忆中的校园、阴雨中的校园、暮色中的校园、中午安静的校园、初夏校园的新绿、假日里的校园、冰雪消融的校园、沐浴在夕阳中的校园、校园的滑冰场等。这是他在不同的时间、不同的气候条件下，从相近的角度取景完成的习作，表达了不同的感受和气氛。（图13-10至图13-21）

他的这种方法是有可取之处的。为了提高自身应具备的表现能力，采取这种方法去磨炼，不是盲目的，而是目的明确地、有意识地自我训练。在我看来，他的这种思维方法对于许多相近专业的基础训练，都是有所启发的。

对绘画风格的追求，似乎有一种自觉意识在支配着他。当我抄录了张仃先生的学术报告《谈装饰绘画与绘画的装饰性》给他寄去，他读过之后受到很大的震动。因为以往他从未听说过绘画的装饰性问题，认为只

图13-13 记忆中的校园(水彩画) 20.3cm×26.1cm 1960年

有写实才是最高境界。读了张先生的报告，他觉得艺术表现的视野应该展开，表现形式和造型观念在他的思想中又拓宽了，用他的话讲是：“茅塞顿开，豁然开朗。”

他曾经到中央工艺美术学院来过两次，参观这里的展览和接触部分教师。1965年暑假来学院，认识了我的老师周成儦先生，听周先生给他讲印象派和野兽派的绘画，并且看了周先生的色彩画和小型雕塑作品，觉得思想有所拓展，认识能力也得到了很大的提高。

周先生收藏了很多本进口画册，还从院图书馆借来部分画册，都拿来给盛寿考欣赏。周先生的热情接待和认真讲解使他收获很大，很是感动。周先生因事外出，为了让他安心仔细地看这些画册，把宿舍的钥匙留下，他在那里一连看了两天。他对国外出版的两套小开本的印象派和野兽派的画册特别感兴趣，看过之后感

图13-14　阴雨中的校园（水彩画）　19cm×27.4cm　1960年

图13-15　暮色中的校园(水彩画)　19.5cm×27cm　1961年

图13-16　中午安静的校园（水彩画）　25.7cm×34.2cm　1961年

图13-17　初夏校园的新绿（水彩画）　17.2cm×23cm　1960年

图13-18 假日里的校园（水彩画） 19cm×25.6cm 1963年

图13-19 冰雪消融的校园(水彩画) 25.6cm×34cm 1962年

图13-20　沐浴在夕阳中的校园（水彩画）　18.2cm×26cm　1963年

图13-21　校园的滑冰场（水彩画）　25.6cm×34cm　1963年

图13-22　我与盛寿考在北京天安门前　1965年

到大开眼界，终生受益。（见图13-22）

他在哈尔滨远郊区的农村根本无法看到这类画册，对于外来的文化艺术，他不仅有比较好的分析判断能力，而且还有着很强的吸收能力。在学习过程中，他还具备良好的转化能力，不是简单地模仿和因袭，而是把它消化了，重新萌生出属于自己的新的形式和风格来。

他两次来到中央工艺美术学院，住的时间不长，而且都是在暑假期间，没能看到学院现场的教学活动。但他通过和一些老师的接触，参观教学楼走廊墙上挂的学生作业，到学院教师图书馆的阅览室，通过阅读和欣赏，接触到了许多新的知识和理念，他为此非常高兴。他感觉这里学术氛围好，读书的风气很浓，原以为美术院校无非就是画画，或是进行工艺美术制作，没想到这里是充满了文化气息的艺术殿堂。他很羡慕这里的学术氛围和工作条件。

他很诚恳地告诫我，要珍惜这一学习和工作环境，不要因为在这里待久了，一切都司空见惯，就变得麻木了，千万不能“视而不见，听而不闻”，要保持对艺术的敏感性。他的告诫使我清醒，来之不易的环境和条件要珍惜，要充分利用起来，不然连老同学都对不起了。

盛寿考去世之后，主要在“文革”结束不久，在工艺美术学院有许多老师看了盛寿考的遗作，都很称赞，也很惋惜，希望能给他编本画册出版。

在1980年前后的一个星期天，我在教研室装裱盛寿考的画。庞薰琹院长在教学楼巡视时到教研室来，看到这些小幅的国画和水彩画，很感兴趣。他坐下来仔细看，问起作者是什么人，我作了简单介绍，他让我把盛寿考所有的画都拿出来，非常认真地看了很久。

庞先生对盛寿考的水彩画很欣赏，特别是认为他的颜色表现很有特点，可以看出吸收了印象派的表现方法，那不是表面的模仿，而是经过融会贯通，已经形成了他自己的风格特点。他随手拿了这幅还未装裱的水彩画，说这些错落的房子是难画的，表现不好会使人感觉杂乱；色调更不容易处理，看来这位中学老师有点与众不同，是挺会画画的。（见图13-23）

图13-23　造船厂宿舍（水彩画）　19cm×26.4cm　1962年

当我谈到他只是个高中毕业生，没有进过美术院校，更没有受过正规的色彩训练时，庞先生认为：“正是因为他没进美术院校，个性得到自由发展，才比较早地形成了自己的风格。如果他进入某个美术院校，接受训练的方法和指导思想不明确或不正确的话，反而会僵化，形成不了鲜明的风格特点。咱们工艺美术学院的教学千万要注意这个问题。”他又拿了一幅《未完成的画稿》放在桌子旁边，指着画面说：“他画得很自由，虽然还没画完，但能够看出，没有人去束缚他，可以说是轻松尽情地表现。”(见图13-24)

庞先生对盛寿考的这种画法很感兴趣，他说很少看到这样画水彩画的。一般画水彩画都很讲究用水调颜料突出水的表现特点，追求明快的画风。盛寿考却不是这样，随心所欲地按照他自己的需要调色和着色，颜色都很饱和。最突出的表现技法是用比较粗的线勾画外轮廓，视觉效果加强了，而且能够使整体达到和谐统一的效果。

为了更进一步认识色彩，掌握色彩表现的规律，他从1964年开始画油画。听金满盈老师说，他画了很多

图13-24　未完成的画稿(水彩画)　28cm×18.3cm　1961年

幅油画，有画在胶合板上的，也有画在厚纸板上的，都是风景和静物。1966年他去世之后，也不知这些画都流散到哪里去了，可惜我只有一幅静物画《清趣》(见图10-3)，是他1965年来北京时带给我的。

我还保存着一幅油画的水彩画稿，色彩浓重而深厚，我认为这是他作品中最具风格特点的绘画，也是我最喜欢的作品之一。(见图13-25)

图13-25 什样锦（水彩画） 38.7cm×27.8cm 1963年

十四、书法篆刻研习的见解

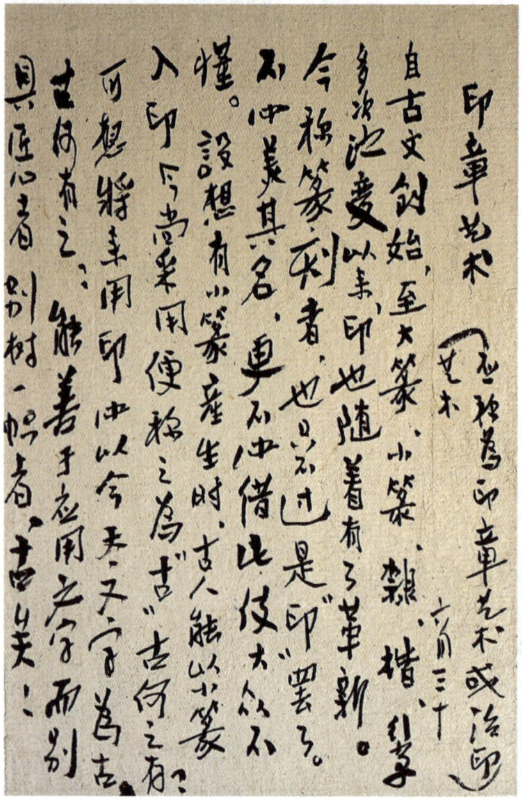

图14-1　盛寿考的手稿　1961年

盛寿考除喜欢画国画和水彩画之外，对书法和篆刻也有着极大的兴趣。他的书法在小学时学柳公权，从描红模子开始，到高中学齐白石国画的同时，也模仿他的字和图章。他学书法和篆刻最突出的特点是“放得开”，敢于放手大胆地写、大胆地刻，所以进步很快。

他工作之后，认真地学写过《北魏张猛龙碑》。他非常喜欢魏碑的字体结构，并和过去学的书法结合起来，形成了自成一体的书法风格。他在写字方面也强调自然，不提倡强迫学习和模仿不适合自己性格特点的字体。“书如其人”是有道理的，不能勉为其难，定要顺其自然，但又不能放任自流，不然就会失去结构，没有章法，也就不称其为书法了。

他对于从临碑写帖开始的学习，认为最初阶段应该“学什么像什么”。一旦能够达到基本掌握或熟练的程度，就应该努力争取“学什么，不要完全像什么”，努力争取摆脱学习对象已有的影响，逐步发挥自己的特点。书法学习要经过长期磨炼才能逐步形成新的风格，这是相当不易的两个学习阶段，后一阶段甚至比前一阶段还要付出更大的努力。（见图14-1）

他很客观辩证地对待这个问题，认为学书法完全摆脱范本并不容易，也没有必要，留有原来师法碑帖的一点影子，也是

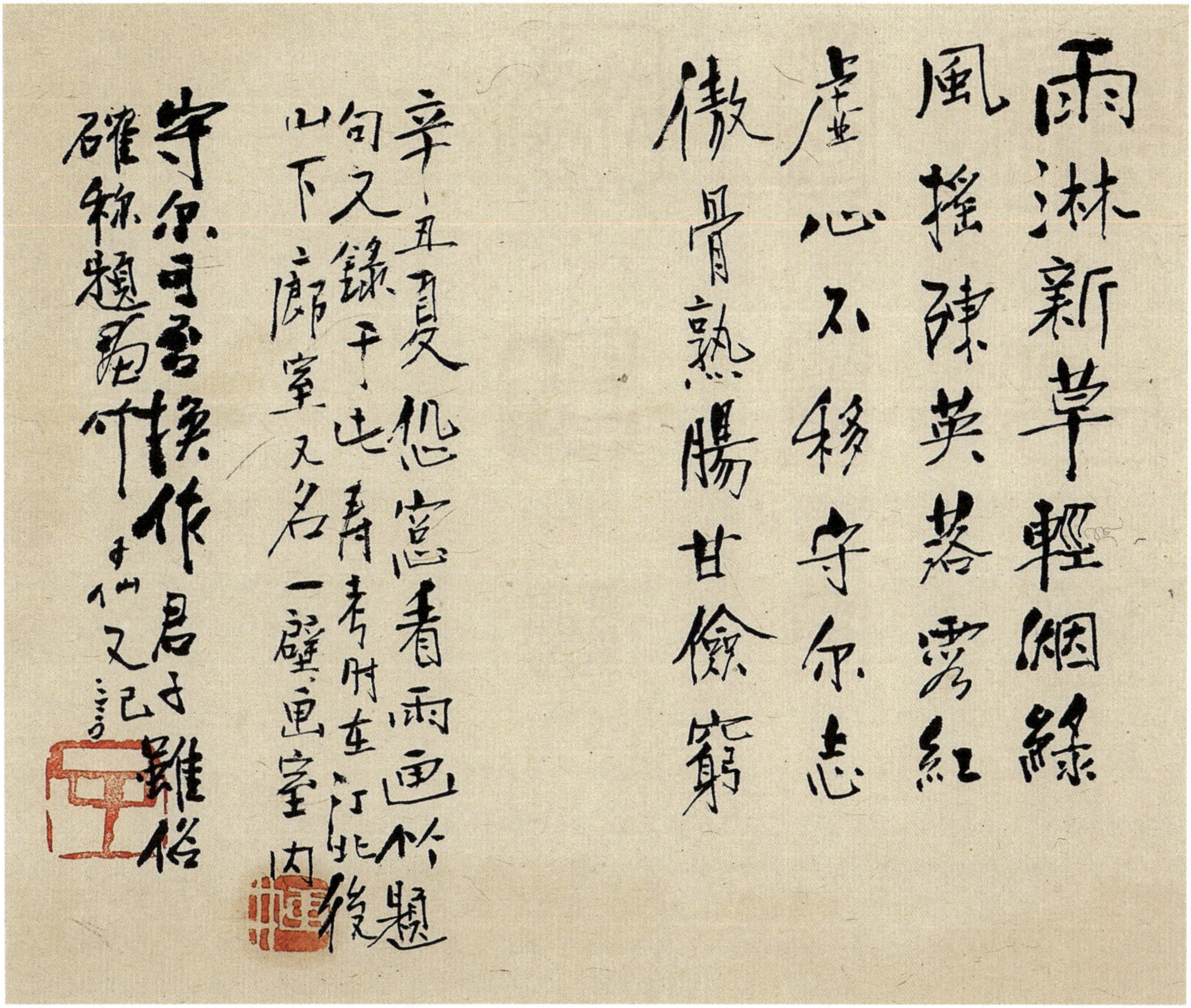

图14-2 盛寿考的诗稿 21.6cm×24.5cm 1961年

很自然的。关键是要适当地建立以我为主的观念，不然总停留在原有的面貌和形式结构特点上，书法艺术就不会有新的发展。

盛寿考学习书法、篆刻，最初只是一种爱好。成为美术教师之后，目的很明确，主要是为了美术教学之用。此外，就是用在画上题写、盖印，没有把它单独作为一种独立的艺术形式，去下工夫投入精力钻研，而是顺其自然发展的。

他的书法风格变化很快，特别是到1961年之后，他的字既不像柳公权，又不像齐白石，也不完全像张猛龙碑的字形，可以说似像非像、似是而非，却自成一家，形成了他自己的风格。（见图14-2）

子仙之印

柳室

寿考

寿考

寿考书画印

大寿

子仙

考印

寿考书画印

图14-3　个人名章（一）

他对篆刻情有独钟。并且把它作为他与绘画密切联系的相关修养，甚至有时专注于此。他自己讲，诗、书、画、印是密不可分的，所以他很注重篆刻的基本功训练。

早年在中学时，因为领助学金需要图章，他为自己刻，也为同学刻，主要是刻木质印章。后来因为喜欢画国画，画家的国画上都有印，于是画了画之后，把用于领助学金的图章也盖上去，看起来感觉不对味，于是就学金石家刻印。

尤其在对齐白石的艺术有了一定认识之后，盛寿考不但崇拜他的画，对他的字和印也十分佩服。特别是他看到杂志上发表齐白石的一张画上，题款写着“三百石印富翁”，而且知道都是老人亲自动手刻的，很是钦佩，更决心要下工夫学好篆刻。他这个人的特点是想学什么，就开始整天琢磨什么，在一段时间里精力很集中，反复实践和思考，绝不会半途而废，有毅力，而且很持久。

他学习篆刻，为了能够真正地入门，并且能逐步提高，于是学写篆字，摹刻齐白石的印。到后来进入自己构图安排印面的文字笔画时，他苦心经营，对于同一印文，他会采取多种章法，用朱文、白文，学钟鼎，也学汉印，在纸上反复勾画，从纵横疏密中，安排朱白空间。他把设计好的印文镌刻在印上，然后印在纸上，如果感觉不理想就磨掉，重新再刻。一方图章在手，他是不断地刻、不断地磨，反复刻印，从中寻求最理想的构图和刀法的金石效果，一直到比较满意为止。

他从初中开始学习篆刻，到高中仍未间断。他最初学刻图章是什么材料都用，先是木质的，后是牛角的，还试过浇注石膏方块刻制大型图章，最后感觉还是石质的最好，认识到石料材质的意味。他买不起好石料，就用滑石一类代替。他学刻印不久，就开始注重用刀的手法，很快就掌握了篆刻的基本规律。

求他刻印，来者不拒，特别是藏书章和闲章，有发挥的余地，他都欣然接受。因为自己买不起石料，为别人刻印可以用人家的石料来练手，何乐而不为。

1959年夏天，他回山东莱州探亲，顺便到城里去，发现那里的滑石雕刻厂用的滑石冻，虽石质较软，但可以刻印。滑石冻比不上寿山石或青田石，但刻过几方之后，掌握了石料的性质，刻制起来还是很顺手，也很有味道。他买的是下脚料，很便宜，带回去自己动手加工，锯成大小和形状不同的石印，再加工修整规矩，打磨光亮。他干什么都要“像样子”，认为石印制作严整、精致，刻制起来才会有兴趣，进步也能快一点，用起来心里也会感到舒服。

我想，他这种理念如果渗透到中学美术课教学的工艺部分，对培养学生的动手能力，教给学生技术和方法，帮助学生确立工艺观念，都会有重要作用。

寿考书画资料　廊主　子仙　大寿

寿考　子仙　考印　盛寿考

寿　子仙　大寿　子仙　子仙

图14-4　个人名章（二）

他说起使用的刻石刀，最初用的是削铅笔的小刀，后来又用木刻刀，再后来他的学生李时高中毕业，开始在工具厂工作，给他制作了大小样式不同的篆刻刀。由于李时学过篆刻，深谙刻刀的特点和要求，选用的是优质钢材，加工精致而形制标准，为他的老师提供了适用的刻印工具。

他说刻石印使他成瘾，刻一方，印出来，还想刻下一方。运刀刻石的声音，在石印上进刀的感觉，有一种难以言状的愉悦。正因为这样，他越刻越好，越刻也越多，对于别人也有求必应，帮老师们刻名章和藏书章，为自己刻了多种名章和闲章。

1960年之后，他的篆刻进步特别显著，兴趣也越来越浓。他把书法、篆刻和绘画联系在一起认识。通过篆刻的构图、章法和笔画的处理，着意追求抽象的点、线、面的造型形式感。他同时通过篆刻的文字内容和结构变化的表现，寄托感情，表达思想，有的则成为生活中的座右铭。

盛寿考个人的名章都是用在画上的，以朱纹印居多，也有部分是白文印。我曾和他谈过喜欢白文印，因为朱地白字十分醒目，视觉效果比较显著。他则认为用在画上的印，不适宜太突出，因为以画为主，印则为辅，在很大程度上是起点缀作用的，所以刻成朱文的比较多。（见图 14-3）

他的个人名章都比较小，其原因是他画的画幅都比较小，如果刻的印太大了，印在画面上不协调。印章的大小和画幅的尺寸实际上都存在着一种模糊的比例关系。（见图14-4）

吉祥

生无所息

乐读书

生无所息

生无所息

生无所息

生无所息

三人行必有我师

长乐

生无所息

图14-5　闲章（一）

他为同事和学生刻的那些图章，由于时间和距离的隔断，我没能收集到，只是听他说过，多以小型为主，字以易于辨认为原则。盛寿考喜欢刻闲章，他认为闲章不闲，有些格言、名句的哲理深邃，刻出来是很有意义的，比写出来还有效果，既具美感，又具提示作用。

他通过刻印言志，有两方朱文印“刻苦读书”和“刻画生活”是他活在世上要做的最重要的事情。而“生无所息”是他人生态度的座右铭，他反复刻制，有方有圆，有朱有白，可见他对这句话是多么重视。他还送给我一方“生无所息”的石印，并附上印文出处：“子贡倦于学，告仲尼曰：‘愿有所息。’仲尼曰：‘生无所息。’”他说这是读书的收获，用篆刻来表现。（见图14-5）

他还通过刻印表达感情，在孤独寂寞的时候想念母亲，他就借用鲁迅先生的诗句“梦里依稀慈母

不堪持赠

学海无涯苦作舟

家无书画真贫士

刻苦读书

清香不在人知

刻画生活

用金石文字压绒

不远千里问君安

梦里依稀慈母泪

图14-6　闲章（二）

泪”来抒发对母亲的怀念之情。从篆刻印文中，可以看出他是一个感情很丰富的人，利用各种形式的书画篆刻来抒发情怀。（见图14-6）

在中学里过新年的时候，学校举办师生联欢会，有的班级的美术爱好者自己动手画贺年卡送给老师，或是进行班级之间交换。他刻了贺年的印章，印在自绘的贺卡上，送给老师们，也送给每个班级，成为学校最受欢迎的贺卡。这种贺卡上用的印，除“新年好”、“恭贺新年”、“新年快乐”之外，因为正值三年经济困难时期，希望尽快渡过饥馑之年，盼望农业能获得丰收，他当时还刻了“天降瑞雪兆丰年”、“信心百倍迎新春”、“大有年”等，从他的篆刻中，也反映出他当时的心情和美好愿望。（见图14-7）

信心百倍迎新春

喜迎春

新年好

勤俭持家

天降瑞雪兆丰年

新年快乐

大有年

恭贺新年

庆新春

图14-7　闲章（三）

他为了练习印章的构图和技法，选择了省与自治区的名称，采取多种手法处理，刻出了风格多样的图章。他陆续给我寄来印样，我从保存下来的印样中选出了几种，从这里也可以看到，他为了锻炼和提高篆刻能力，千方百计地给自己出题目，然后像学生一样去完成作业。（见图14-8）

盛寿考为我刻过多方图章，最初刻制的是我的本名“杨永善”字样，后来给我起了新的名字“杨帆”和“杨子帆”，同时也为我刻了新的印章。他还为我刻过两方“苦行僧”的印章，一方朱文，一方白文，意思是提醒我要学习苦行僧的精神，在自己的专业上下苦功，当时他还特别解释，不是出家为僧的意思。（见图

14-9）

1959年的冬天，我接到他寄来的一封信，打开信封看到的是一幅配有诗的画，结合在一起成为形式独特的信函，读来十分真挚感人：“一颗赤心掷与君，常把枯肠来搜寻。飞下白龙二百万，阶前阶后尽银鳞。握笔假寐梦君至，携手一叹又离分。睁眼隔窗细细看，白雪红日共黄昏。”诗句之间有小字注释和说明，深情厚谊跃然纸上。时值寒冬，读这封信，看这幅画，心中感觉到了千里之外友谊的温暖。今天再读这些充满情感的诗句，自然多了一分对盛寿考隔世的怀念和追思的伤感。

图14-8　地名章

在他这封信的图画和文字之间，有一方过去没有见过的印，其印文为“不远千里问君安”。后来见面时，我们谈起这方印，他告诉我，是专为给我写信用而刻的。我认为是一方很好的印，平淡的一句话中蕴涵着朴素的情感。因为我喜欢这方印，他就送给了我，我一直保存至今，永远珍藏着他的问候。（见图14-10）

书法和篆刻原本是他的爱好，担任美术教师工作之后，也没有想到与美术课会有一定关系。最初是在有的学校美术教师中酝酿，想把语文的写字课演化为书法课，逐步纳入到美术课中，或是在课外活动美术小组开展书法学习的活动。但是在美术课上教农村的孩子写毛笔字，并不是一件容易的事，因为美术课的时间本来就很少，再加上书法课就更难了。

他是赞成上书法课的，认为中学生学书法是十分必要的，因为最起码教学生“把字写得像个字”，在日后工作和生活中都是有用的，总之书法课的实用价值是很强的。他认为中学美术课中的书法教学首先应该教学生学会拿笔，会使用书写的工具，因为很多学生念到初中了，还没掌握正确的拿笔方法，甚至有的教师握笔的方法也不规范。

苦行僧

苦行僧

子帆收藏书画资料以金石记

永善书画赏识

永善

子帆书画印

杨帆

帆印

永善

杨帆

杨永善

图14-9　为我刻的印章

他强调握笔的方法要合理（规范），这不是吹毛求疵，只有掌握正确的握笔方法，才是最便于书写的，才可能把字写好。正确的握笔方法是为了有效地掌握书写工具，这其中有铅笔、钢笔、毛笔（当时还没有使用圆珠笔）几种。掌握正确的握笔方法并不难，关键在于有人教，养成正确握笔的习惯，克服以往放任自流形成的错误握笔方法，很快就会见到成效。

教学生把字写好不是培养书法家，而是培养他们懂一点书法知识，把字写工整和易于辨认。最起码要求学生能把作业和试卷书写清楚端正，易于识别，不能结构松散或拥挤，更不能歪七扭八，不易辨认。学书法课之后，应该在各课作业中见到实效。写字要求“单字成个，多字成行”，给人看了能一目了然。写字就应该能够清楚准确地起到传达信息的作用。

其次，学生应该知道中国字是怎么演变过来的，起码应该知道甲骨文、篆书、隶书、楷书、行书、草书这几种书体的知识，达到能辨别是什么体，这是最基本的要求，如果能认识常见的几个具体的字就更好了。

再就是学会拿毛笔和使用毛笔的方法，不要求用得熟练，主要让学生知道怎样用毛笔，为以后自己练习书法作准备。

他在课外活动小组举办了书法讲座，学生们很有兴趣，来听讲的人也很多。他是以先介绍基本知识开始的，之后才涉及怎样写毛笔字。他给学生布置的书法作业，索性放弃毛笔，用比较软一些的铅笔临写字帖的字体结构，写熟练之后，自然会出现用笔的变化，还是有一定效果的。他认为初中的书法课要教会学生掌握字的结构，这是把字写工整和清楚的关键，千万不可忽视。

他在担任美术教师期间，书法和篆刻课都还没能开设，但并不影响他的思考和尝试。课外美术小组有

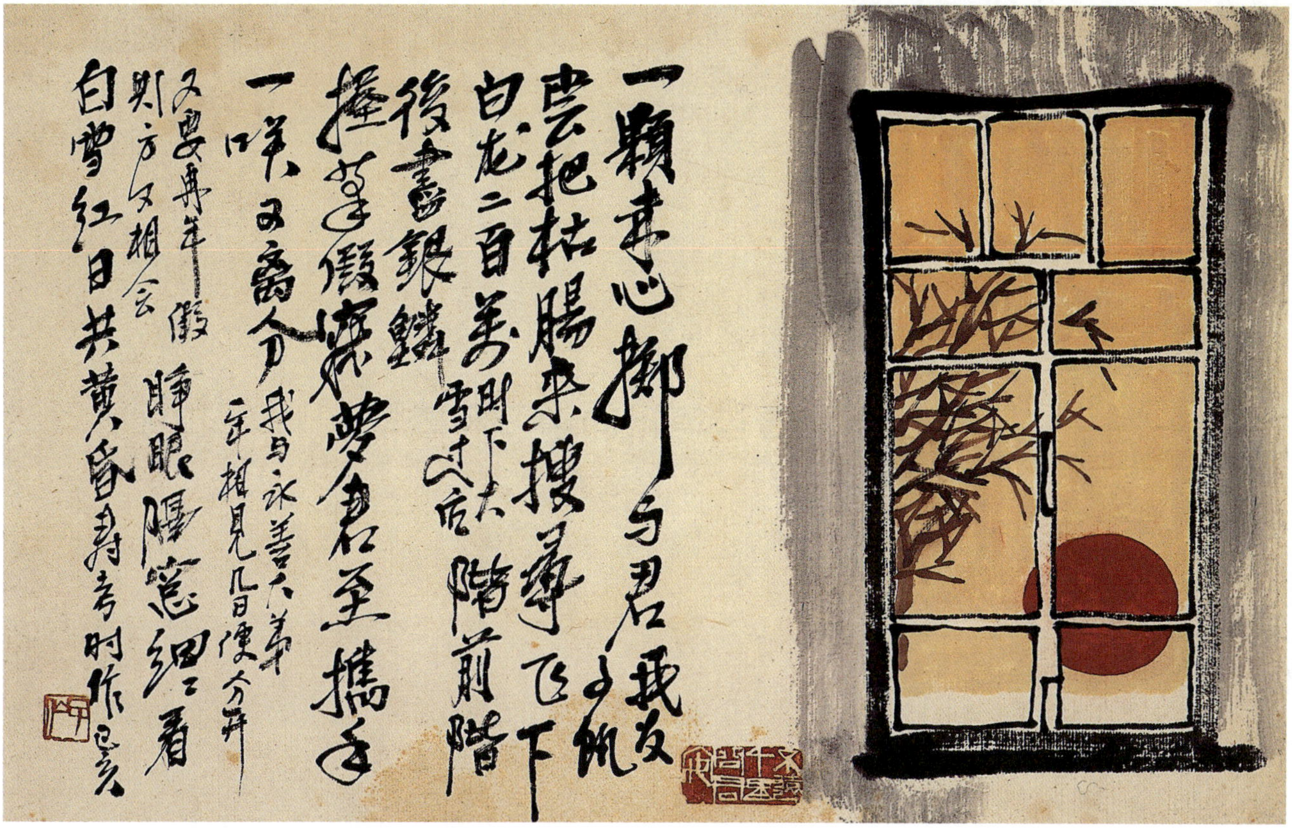

图14-10　不远千里问君安（信札）　23.3cm×36.4cm　1959年

几个喜欢写毛笔字的学生，在他的影响和指导下，开始临写字帖。我曾在他那里见到一个学生临写欧阳询的《九成宫醴泉铭》，因为是刚开始，感觉生硬和吃力，但透着认真严肃的态度，他认为像这样的学生，只要坚持下去是可以写好的。

他热爱书法篆刻艺术，这几乎成为他的“日课”，虽然不是每天都刻印，但每天都要练书法，他平时很少用铅笔和钢笔写字，连教案都是用毛笔书写的。

对于中学生学书法篆刻，他所持的态度是很冷静的，也是很客观的。他认为书法是要学的，以后有条件要上这门课，但必须研究制定出适合初中学生的课程内容，所学的应该是书法最基本的知识和要领。其主要目的是使每个初中学生都能把字写好，而不是为了培养小书法家。至于学生中的书法热爱者和有培养前途者，那是属于特长爱好，可以在课外发展，不属于美术课的任务。关于篆刻，初中美术教学没必要也去教刻图章，了解基本知识就足够了。

农村中学美术教学的实践使他明白，课程设置切勿脱离实际，也不能好高骛远，要讲究实际，要切实可行，抓住最基本的内容，让学生能学到一点实在的知识和技能，能够学以致用。

十五、通过笔记的学习和感悟

1982年的夏天，我重访江北三十一中学，盛寿考当年的同事金满盈老师和高颖老师热情地接待了我，他们向我谈起对他生前的一些印象。

他们认为盛寿考这位老师挺超脱的，与其说他生活朴素，不如说是清苦，他与世无争，对自身的要求是严格的，在学习方面很专注，十分刻苦，在全校的教师中也是绝无仅有的。他的知识结构与众不同，主要精力不仅用在作画方面，而且特别喜欢读书，真可以说是废寝忘食。

他有很好的文化修养，特别是对中国传统文化的了解和理解，在这所学校里也是屈指可数的。那些师范院校文史专业毕业的学生分配来当教师的，知识结构多为学校课堂学来的东西，很系统，也很规范，但在文化艺术方面远不及盛寿考的学养。他虽然没有读过大学，但他阅读的书籍多，涉及的领域比较宽，知识结构是靠勤奋研读构建起来的。1960年学校决定让他同时兼任语文课教学时，他毫不迟疑地就答应下来，并且在教学中取得了很好的成绩，这和他原来的文化基础和工作后的积累分不开的。

和他有多年的交往，我很了解，他在高中时就喜欢阅读课外书，那时候他办了市图书馆的借书证，不仅借画册来看，还借文学作品阅读。他所读的书绝大多数都是中国古典文学作品，而现代文学则多限于鲁迅、茅盾、老舍、巴金等著名文学家的作品，外国文学作品读的则比较少。他认为，需要读的书太多，我们不是学文学专业的，没那么多时间去读更多的文学作品，所以要有选择、有重点，读那些最有代表性的优秀作家的作品。他曾谈到读一本好书的感觉：如在和煦的阳光下，沐浴阵阵春风。（见图15-1）

他到江北三十一中之后，最初的几年，居住的“廊室”还没有电灯。下班后，大多数教师都回家了，学校里只剩下很少的几个人，校园极为安静，也很冷清寂寞。夜晚的油灯下，是无法作画的，却成为他读书、写信、思考的最好时间，昏暗的灯光，营造了最适宜静心思考的氛围。这段时间在他短暂的一生中是最重要，也是最好的读书时间，他心平气和地每天坚持阅读，不断丰富着自己。

我们在哈尔滨三中读书的时候，不知是延续了高年级学长们的习惯，还是自然形成的一种风气，那就是谁读到什么好书或是发现哪个刊物上有什么好文章，都会毫无保留地介绍给同学。这是相互间的关心，也是一种在学习领域的礼遇。同学之间不存在学习方面的封锁和保守的现象，自觉地互相交流已成为一种风气。在这个集体中，能够向同学介绍和推荐好书和好文章的学生是属于用功的、有探求精神的、走在前面的同学，大家对这样的人和事都心存钦佩和感谢。

母校给予我们的这种良好的学习风气，在我和盛寿考之间一直延续到他去世之前，只是表现方式不同而已。过去是面对面的交流，而分手之后，北京与哈尔滨之间，主要靠书信往来，好在那时邮资不贵，贴上八分钱邮票的平信，很少有超重之说，可以寄一篇手抄的专业文章，而且三天即可到达。

1957年我考上中央工艺美术学院，入学之前，他很诚恳地谈到，希望我能经常写信，介绍在学院学习的心

图15-1　春风(中国画)　29.6cm×19cm　1959年

得体会；也希望能得到学院教学中对他有用的专业教材；在学院读到好书和好文章时给予推荐；特别是听到好的学术报告，希望写信传达最主要的观点和内容。他的这几点希望，不用他讲，我也会自觉去做的。我告诉他，让他放心，这是我应该做的，我会尽力而为的。

盛寿考在自学的道路上探索着，从来不封闭自己，更不自以为是，把求知的触觉伸向各方。他很羡慕美术院校的学习条件，希望能够不断地知道学院中的学术动态以及有启发与有教育意义的事情。在将近十年之中，我们通过书信往来，还有放假见面的谈话，既交流了学习心得，又加深了我们之间的友情。

作为一个曾梦想进美术院校学习的青年，他的希望我是很理解的，他多么期望知道正规科班的艺术教育是如何进行的，想从中吸取最基本的教学思想和学术精神来引导个人的自学计划。

我信守诺言，从进入中央工艺美术学院之后，一直到他故去之前，经常不断地整理学习方面有所收获的学术讲座笔记和文章抄录，及时寄给他，这似乎已经成为习惯了。

我是喜欢写笔记的，这是在中学时老师给我们培养的习惯，诸如：课外阅读、讲座报告、参观游览、讨论交流等，那些有意义的事情和引发的感想，都可以写入笔记中。我的那位班主任老师不主张写日记，他认为日记的主题不明确，容易写成流水账，还是多写目的性明确的笔记为好，我认为是有一定道理的。

我在入学前，在家里把保存的几本比较好的笔记本，分门别类地准备好了，拿给他看，他很高兴。这是五十多年前的事情了，一直到今天，我还保存着几本那时的笔记本，再行翻阅，褪了色的幼稚的笔迹还很分明，记录着学习的内容，也折射出青年时代渴望学习的心声。

我又翻阅了这几本笔记，大致分成几种：课程学习笔记，完全是记录各门课程，在课堂上老师讲课的内容；学术报告笔记，是课堂学习之外，听学院组织的各种学术报告的笔记；学习心得笔记，主要是学习专业的心得体会，还有感想和总结的片断记录；课外阅读笔记，实际成为抄书笔记，把我读过的有理论意义和指导实践的文章以及有启发性的书籍和文章的段落和句子，有选择地摘录下来，很少记录个人读书的感想。

在我的这些笔记中，他最喜欢看的是听学术报告和课外阅读的摘录笔记。我不能使他的希望落空，作为他的同学和朋友，必须把听讲的主要内容和观点尽可能地完整、准确、清楚地记录下来，可以随时提供给他看。其中有些我感觉特别有启发性的学术报告，听的时候全神贯注，专心致志地做记录，不能漏掉主要内容，回来之后再整理出一份简明扼要的文字寄给他，以供他阅读。这种做法看起来似乎是麻烦了一些，有时甚至要忙到深夜，但在我的学习中，无形中也起到了很好的督促和巩固作用，促使我对学术报告的内容更加深入理解，对我的学习起到了复习和消化的作用。

院里组织学术报告，我几乎一场不漏地参加，不仅认真地听，还要努力地记。我认为，我的听课、听讲座以及学习笔记，在当时同学之中是最全的，也是最好的，这要感谢盛寿考对我的要求和敦促。从那时起，在我的学习生活中，建立了持久的记笔记的习惯，五十多年了，一直坚持到今天，受益匪浅。

1957年9月齐白石先生逝世。1958年元旦，文化部和中国美术家协会在北京展览馆举办了“齐白石遗作展览会”。为配合这个大型作品展览的举办，中央工艺美术学院在1月20日，请张仃先生作了题为“齐白石的艺术道路”的学术报告，我认真地做了笔记。利用当天晚自习的时间，我把张仃先生讲座的主要内容整理出来，抄写整齐，并附上在展览会场抄录的齐白石的诗，这些诗大多都是我们过去没见过的，第二天寄给他，三四天之内他就可以收到。他读过之后特别高兴，给我回信，认为有助于他深入地认识齐白石，对今后的学习很有启发。

盛寿考原本对齐白石先生非常钦佩和尊重，但真正从理论的高度去认识和理解齐白石的艺术，还需经过相当长时间的学习和研究。张仃先生虽然不是专门从事美术理论研究的，但他具有很高的理论修养和敏锐的思维判断能力，见解是独到的，是相当有深度的。他对齐白石的艺术道路有很精辟的研究，特别是对齐白石艺术特点的分析，都是走在学术界最前端的。

盛寿考读张仃先生关于齐白石的学术报告笔记，他认为比报纸杂志上发表的文章更加深入，也更有内容。读过之后引发思考，对于今后学习传统文化，继承祖国的优秀文化遗产，更增强了信心。齐白石正是因为所选择的艺术道路是正确的，所以才会取得杰出的成就。

他说，虽然读的是笔记，没能到现场去聆听报告，但张仃先生的基本观点对他起到了开启认识的先导作用。回过来再看齐白石的画，感觉就不一样了，似乎理解的内容多了一些，但对于真正地深入还有很大的距离。因为齐白石的艺术像海洋一样浩瀚，这还要靠今后长期的学习和研究。

他很清楚作为一名中学美术教师的职责，他说，自己学齐白石不只学他如何作画，还需要能够用很通俗的语言把齐白石的艺术讲给中学生，使他们开始了解齐白石和认识齐白石，所以自己的理论学习需要加强。

根据我的记忆和翻阅笔记，可以回想起，盛寿考对当年中央工艺美术学院举办的学术报告中，最感兴趣的有叶浅予先生讲《中国画构图问题》（1959年1月7日）、张仃先生讲《装饰绘画与绘画的装饰性》（1959年3月3日）、雷圭元先生讲《基础图案》（1960年2月22日）、庞薰琹先生讲《汉画》（1961年11月27日）、郑可先生讲《关于形式法则的运用》（1961年11月30日）。

其中，张仃先生讲的关于绘画的装饰性问题，盛寿考对此特别有兴趣，他当时回信说："仿佛打开了一扇窗户一样"，对他的学习和实践特别有启发，而且增强了他的信心，对张仃先生更加钦佩。

他读过郑可先生的讲课笔记之后，对郑可先生讲的关于形式法则问题特别重视，很感兴趣。他在来信中很坦率地谈到，过去从来没有读过，也没有听过关于"形式法则"的问题，真可谓孤陋寡闻、耳目闭塞。如今读后感觉很有启发作用，才知道取得形式美是有法可依的，是有规律可循的。但这并不是僵化的教条，要学会结合实践灵活运用，也不是一件容易的事情。这也和中国画的画论中所讲的六法相类似，首先是要理解，不然简单化教条地套用，反而会起副作用。他深刻地领悟到，对这方面的学习要下工夫，真正能灵活运用到艺术实践中去发挥作用，还要有一个消化和融会的过程。（见图15-2）

在那段时间里，我们在信里讨论这些问题，谈个人的领会，不断丰富和深化认识，也锻炼了用文字表述观点的能力，对后来写论文和写教材，都起到了促进作用。从1957年到1966年，在长达九年的时间里，我和盛寿考的通信没有间断过，几乎每个月都有书信往来，这对于我的学习是极为重要的督促和鞭策。

他对我的关心和教诲，我对他的尊重和信服，不会因为我读大学而改变。我不是对他迷信，也不是自己长不大，因为他确实是一个有思想、有作为、有见解的人，还是一个坦诚待人，又会关心他人的人，同时又是一个有人格魅力的人。他对我的关心和督促，他的学习心得和对人生的感悟，他在事业上的进取精神，一直对我都有启示和激励作用。

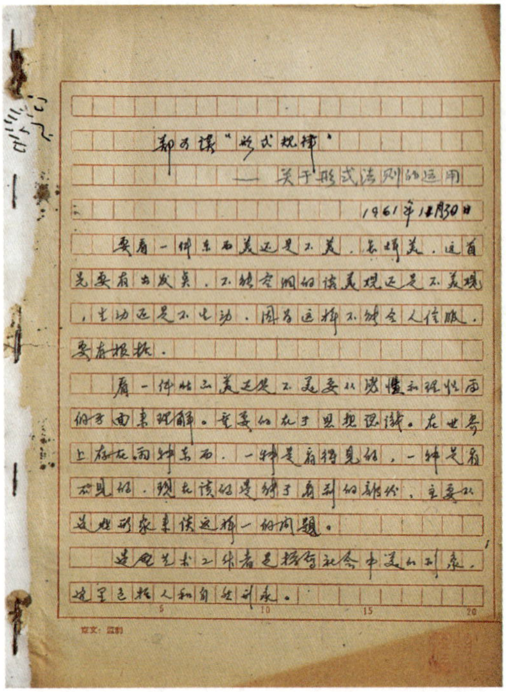

图15-2（1） 郑可先生讲形式法则笔记整理首页 1961年

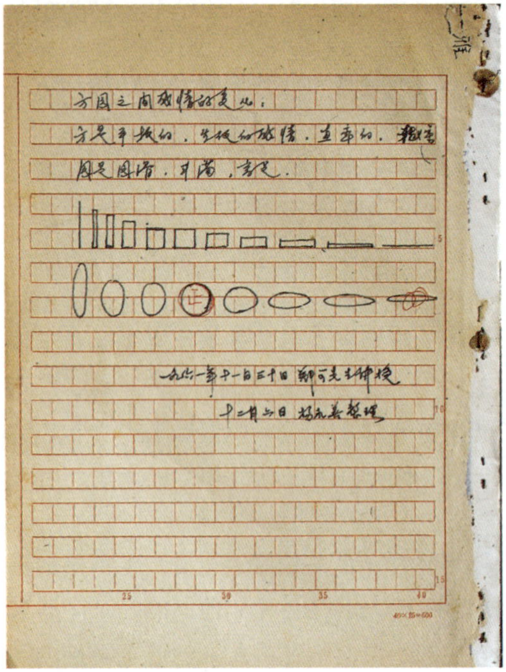

图15-2（2） 郑可先生讲形式法则笔记整理末页 1961年

盛寿考希望我能给他提供学习笔记的要求，看起来好像给我增加了负担，实际上真正巩固和促进了我的学习。他感谢我持续不断地为他提供学术信息，使他能看到美术方面最高学府的学术报告和课程内容，比函授教育还细致，他自认为是中央工艺美术学院不注册和学制不定期的函授生。

我感谢他对我学习能力的信任，他委托我转达学术报告和重要课程内容的责任，让我意识到必须认真学习，因为不是为了我一个人，我不能辜负他的期望。听学术报告疲倦时要振作起来，一定要做出完整准确的笔记来。在我的笔记基础上，整理出能够反映学术报告基本观点和内容的文字，为他的自学提供有质量的研读材料，我决不能让他失望。

我们之间读到的好书和好文章是要交流的。他曾经给我寄过王国维的《人间词话》，是从哈尔滨旧书摊上买来的，是新中国成立前的老版本，可惜在“文革”中被人借去未还，又记不得借者是谁，借者又不自觉归还，多年来，每每忆起，心存遗憾。我给他寄去过罗曼·罗兰著、傅雷翻译的《贝多芬传》，他读过之后的感想是“给人以个人奋斗的力量”。那段时间里，北京旧书店的老字帖很多，也很便宜，我前后给他寄去多本字帖。他去世后，他父亲又送还给我，上面还有他题写的收到寄赠的感言和日期。（见图15-3）

过去是这样，现在也是这样，有些书虽然很好，出版之后销售一空，之后就很难见到了。在1962年前后，苏联作家康·巴乌斯托夫斯基著的《金蔷薇》一书，在中央工艺美术学院的师生中受到极大的欢迎，互相传阅讨论，因为这是一本对人生和学业都有所教益的好书。我从学院图书馆借来阅读之后，感觉收获很大，是一本值得认真阅读的好书。我自然就想到盛寿考也应该读这本书，于是跑遍了北京几个大书店也找不到，问书店的售书员，回答都一致，早就卖完了。最后只好拿出抄书的手艺，先抄写最精彩的第一篇《珍贵的尘土》，大概有7 000字，抄写了两个晚上，用的是薄纸写小字，免得超重，为的是节省邮资，很快就寄给他了。

他读过这篇文章之后，感觉很受教育，对艺术劳动的不断积累有了新的认识，特别感叹作者为什么能写出这样好的文

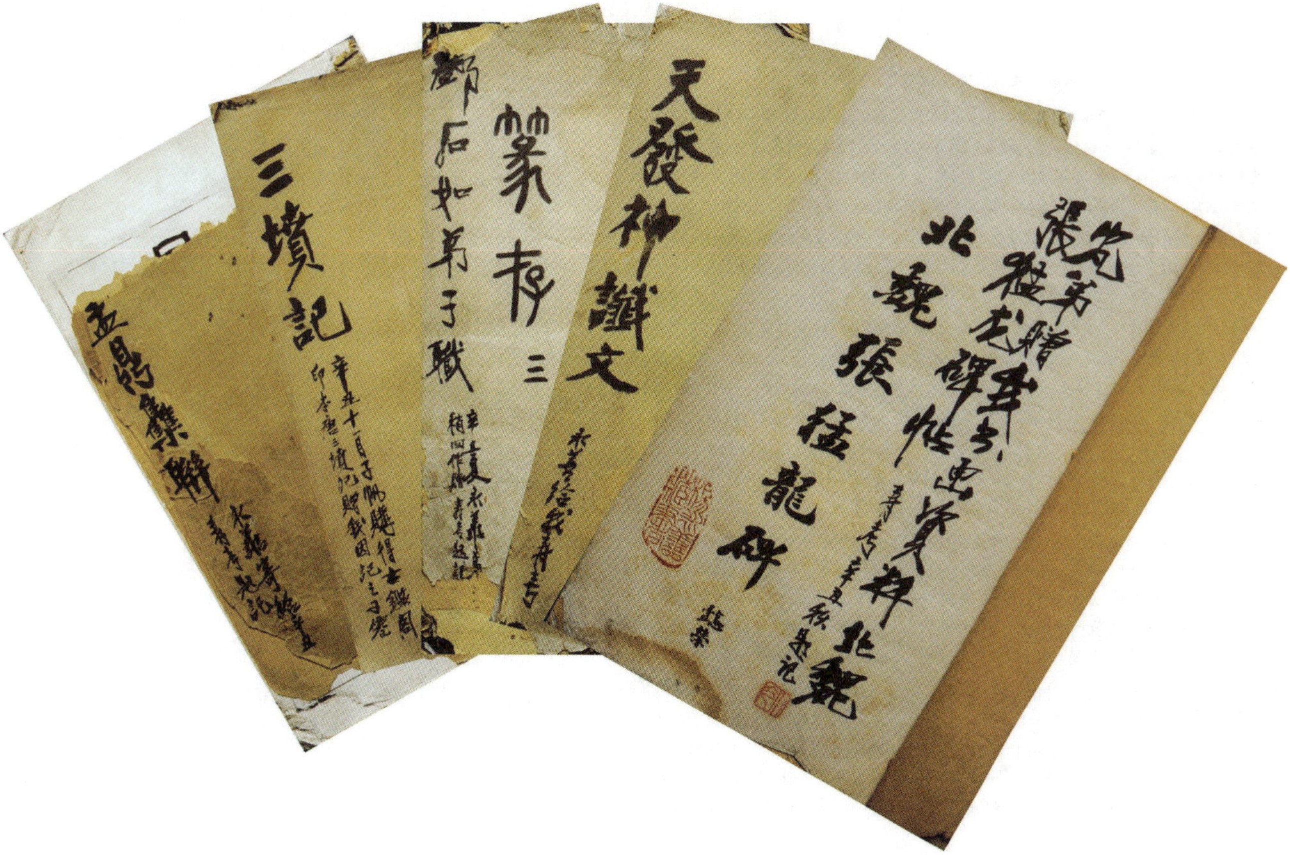

图15-3　盛寿考在字帖上的题记

章。我则再接再厉，继续努力，又用了几个晚自习的时间，抄写了这本书的第二篇文章《碑铭》，寄给他之后，回信比上一次的时间长多了，他很高兴地告诉我，《碑铭》读完之后，一位老师从家里给他找到了这本书，说可以长期借给他读，只是舍不得送给他，因为当时很难再找到这样好的书。

写这段文字的时候，已经离开最初读这本书快五十年了，其间也曾给朋友和学生介绍过这本书，还讲过其中几篇的主要内容。他们问我为什么记得这么清楚，那么具体，几十年都不会忘，我想首先是这本书写得好，对人生和艺术创作都有启示，使人难忘；其次是我曾认真地抄写过，用心去感悟过，令我终生难忘。有人讲，读经典“抄一遍，胜读十遍”是有道理的。

当年我曾把法国著名雕塑家罗丹的遗嘱抄写寄给他，他在回信中摘录了其中他最欣赏的一句话，“艺术又是一门学好真诚的功课”。同时他认为：“只要我们怀着一颗真诚的心，我们是可以学好艺术的。”

我如今还保存着为他手抄的文章，一篇是李可染先生写的《谈艺术实践的苦功夫》，发表在1961年4月26日的《人民日报》上，我是节录抄写的，将近有4 000字。另一篇是郑可先生的《关于形式法则的运用》，是1961年11月30日讲课笔记的整理稿。（见图15-4）

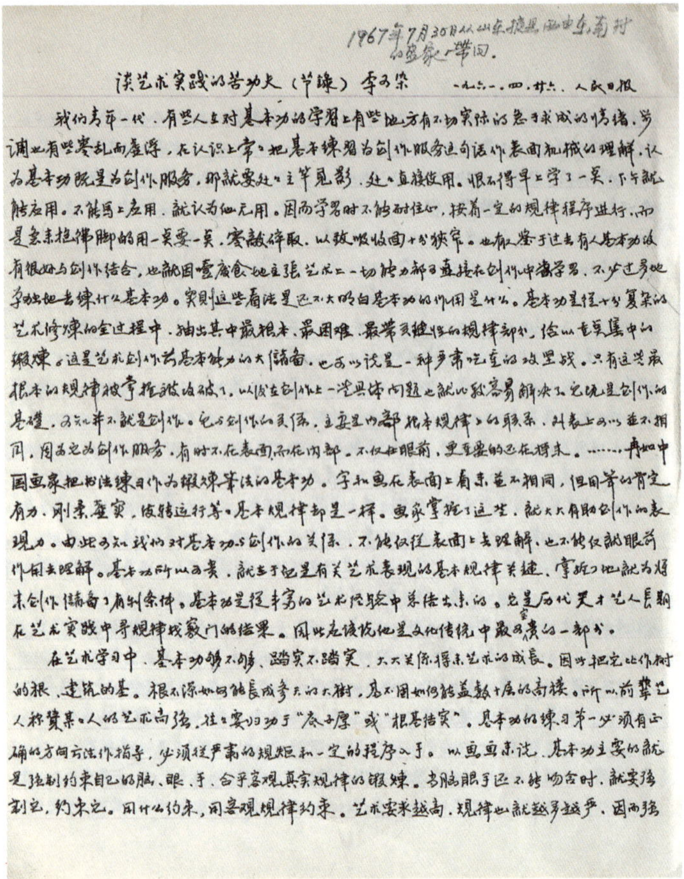

1967年7月30日从山东掖县西由东南村的盛家带回。

谈艺术实践的苦功夫（节录） 李可染 一九六一．四．廿六．人民日报

我们青年一代，有些人在对基本功的学习上有些地方有不切实际的急于求成的情绪，步调也有些零乱而虚浮，在认识上常常把基本练习为创作服务这句话作表面机械的理解，认为基本功既是为创作服务，那就要处处立竿见影，处处直接使用。恨不得早上学了一点，下午就能应用。不能马上应用，就认为它无用。因而学习时不能耐住心，按着一定的规律程序进行，而是急来抱佛脚的用一点要一点，零敲碎取，以致吸收面十分狭窄。也有人鉴于过去有人基本功没有很好与创作结合，也就因噎废食地主张艺术上一切能力都可直接在创作中去学习，不必过多地孤立地去练什么基本功。实则这些看法是还不大明白基本功的作用是什么。基本功是从十分复杂的艺术修炼的全过程中，抽出其中最根本、最困难、最带关键性的规律部分，给以重点集中的锻炼。这是艺术创作者基本能力的大储备。也可以说是一种多带吃重的攻坚战。只有这些最根本的规律被掌握被攻破了，以后在创作上一些具体问题也就比较容易解决了。它虽说是创作的基础，可知并不就是创作。它与创作的关系，主要是内部根本规律上的联系，外表上的可以并不相同，因为它为创作服务，有时不在表面而在内部，不仅在眼前，更重要的还在将来。……再如中国画家把书法练习作为锻炼笔法的基本功。字和画在表面上看来并不相同，但用笔的肯定有力、刚柔虚实、使转运行等基本规律却是一样。画家掌握了这些，就大大有助创作的表现力。由此可知我们对基本功与创作的关系，不能仅从表面上去理解，也不能仅就眼前作用去理解。基本功所以可贵，就由于它是有关艺术表现的基本规律关键，掌握了它就为将来创作储备了有利条件。基本功是从丰富的艺术经验中总结出来的。它是历代天才艺人长期在艺术实践中寻规律找窍门的结果。因此应该说他是文化传统中最可宝贵的一部分。

在艺术学习中，基本功够不够，踏实不踏实，大大关系将来艺术的成长。因此把它比作树的根，建筑的基。根不深如何能长成参天的大树，基不固如何能盖数十层的高楼。所以前辈艺人称赞某人的艺术高强，往往要归功于"底子厚"或"根基结实"。基本功的练习第一必须有正确的方向方法作指导，必须从严肃的规矩和一定的程序入手。以画画来说，基本功主要的就是强制约束自己的脑、眼、手，合乎客观真实规律的锻炼。当脑眼手还不能吻合时，就要强制它，约束它。用什么约束，用客观规律约束。艺术要求越高，规律也就越多越严，因而强

图15-4 李可染先生《谈艺术实践的苦功夫》节抄 1961年

这两份手抄文章是我在寿考逝世一周年去他家时，在他父亲从哈尔滨带回他的遗物中找出来的。老父亲不知这些写字的纸是做什么用的，大部分都已当废纸用了，这是仅剩下的两篇。我告诉他这是我抄给寿考的文章，他还给了我，我一直保存至今。

对往事的回忆总伴着存留在记忆中的信物。我又找出过去厚厚的一摞笔记，还有这两篇抄写的文章，看过之后自己也感慨万端。四十八年前，字写得虽然很差，但那种细致认真之中透着一种虔诚、一种负责，这是对艺术，也是对友谊，这种精神对于我来说，到今天还是值得保持和珍贵的。

比较早的时间，他曾寄给我一幅小画，是画一个小学生读书困倦了，把书抛在地上，趴在椅子靠背上睡着了。他那时刚到江北三十一中，正是发奋读书时，他信中说，这画是为了告诫自己别偷闲，要认真读书，别学这小学生。信中还说，送这幅小画共勉。说是告诫自己的，但没往画上写，我理解是提醒我的，他知道我爱睡觉，只差写上：老弟，醒醒吧，该读书啦！（见图15-5）

我在读中学时，就已经感觉到在同学之中，我的理解能力不是很强，当属笨鸟之列，学点知识，掌握一点技能，都是比较慢的，所以读书要比别人多下工夫，加倍努力。为盛寿考整理笔记和抄写文章，致使我必须一字一句地阅读和复习，从头至尾深入地解读报告和文章的基本观点和内容，字斟句酌地去体会，这样便促使我加深了记忆，进一步去深入理解。这种办法看起来似乎很“笨”，但很实在，其潜在的作用很强，是今天电脑、复印、传真所无法替代的。我和盛寿考都是这种学习方法的受益者。（见图15-6）

图15-5　夏日炎炎(中国画)　33.5cm×22cm　1958年

图15-6　我与盛寿考合作的画(中国画)
153cm×44cm　1961年

十六、曾经的遗憾

1981年的冬天，天津人民美术出版社的编辑张铭淑老师到我家里来，看到墙上挂着盛寿考的画，她觉得很有格调，也有特色，很是欣赏。我向她介绍了这位已故同学的概况，并把我保存的他的画都拿出来给她看了。她很感动，建议我整理后出本画册，她愿意向所在出版社推荐。

说心里话，我一直希望能有更多的人了解盛寿考，也希望把他的作品介绍出去，我相信会有许多人喜欢他的画。他画中温馨而美好的情感能够给人带来愉悦，使人欣赏到独特的美。作为他的朋友，我不能看着盛寿考生前的艺术劳动长久或永远地被埋没，我有责任把他介绍出去，因为我不仅了解他，而且理解他。他的画放在我这里，只有少数的同学和朋友能看到，如果结集出版，可以使更多的人看到，特别是在困境中坚持自学和工作的人，相信会对他们起到激励的作用。

对于张铭淑的推荐我是衷心感谢的，她为人善良，值得信任。她毕业于中央美术学院国画系，在河北宣化陶瓷厂从事美术设计工作。我知道她在同事中是很有威信的，工人们对她的为人有很高的评价。在艺术方面，她受过国内最高美术学府中央美术学院国画系的专业训练，不但画得一手好画，同时有很高水平的鉴赏能力，她认为值得出版是不会看错的，总之她的话可以信赖。她的欣赏和推荐使我对盛寿考的画更加有信心，我相信编辑出版后，会有更多的人喜欢他的作品。（见图16-1）我把保存多年的盛寿考的画整理好，并且写了一篇关于介绍他的文字材料，很快就送到天津人民美术出版社。

开始还很顺利，1982年1月30日张铭淑老师来信，写道：“告诉你一个好消息，盛寿考终于用自己的才华战胜了许多困难而得准出书了，为此我十分高兴，好像他是我久识的朋友一样为他高兴。” 信中还谈到，由浙江美术学院国画系毕业分配来出版社工作的沈坚毅担任责编，文字部分由我来写，她认为，“以自学成才来写，可能更有特色”。她说，因为我最了解盛寿考，相信我会写得恰到好处。

接到张铭淑老师的信，我心里说不出的高兴，这真是连想都不敢想的事，就这么决定了。因为那个时候

图16-1　杜鹃花(中国画)　18.7cm×23.5cm　1961年

出版个人的画册还很少，更何况给一个默默无闻的农村中学美术教师出画册，真有点不敢相信。

4月15日沈坚毅来信，催促“关于画册中所用文章，请您尽快完成”。

我在接到信之后，集中精力写文章，心情是很激动的，全力以赴，用了一个多星期的时间，赶写出一篇五千多字的文章，题目是“盛寿考和他的画”。因为我不是学绘画专业的，而且是第一次写这种文章，心里没有底，所以把这篇文章和盛寿考作品的照片一起送到张仃先生家里，请他过目，提出修改意见，另外请他为画册题写名签。当时张仃先生担任中央工艺美术学院院长，他很忙，但都答应了，让我等他通知后再去取。我也就静下来耐心等待。

6月28日沈坚毅来信告诉我：“《盛寿考画集》近日准备画版式了。关于您写的文章及书的名签是否完

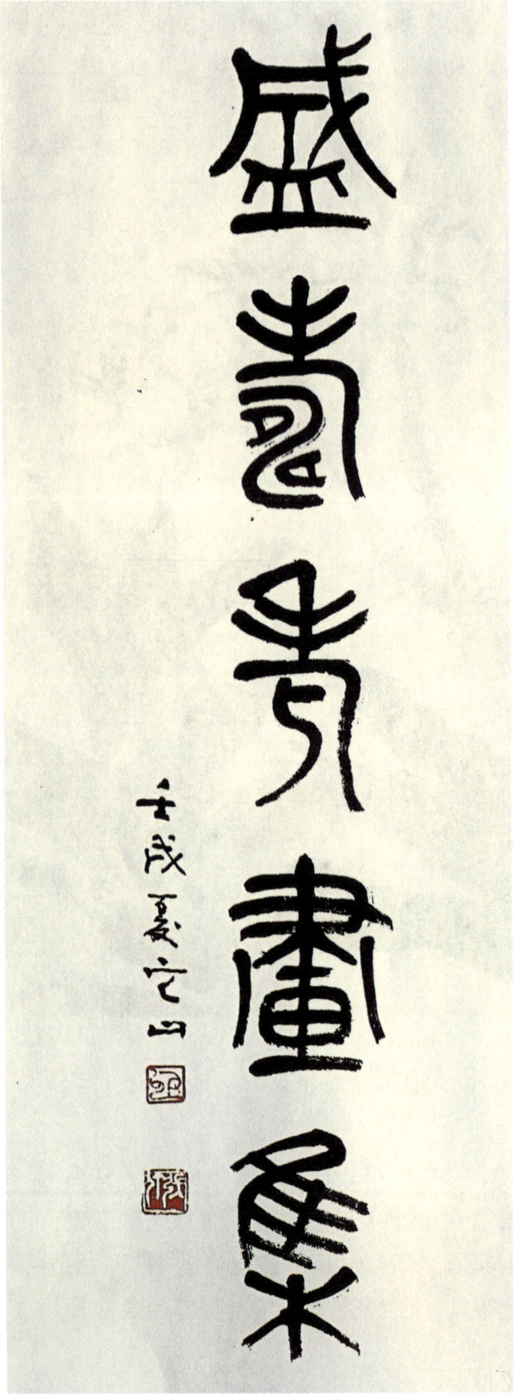

图16-2 张仃先生为画册题签 1982年

成？望能尽快送来，麻烦您了。”

接到这封信后，我立即给他回信，告诉他文章写完了，已送张仃先生处请他提修改意见，他已答应为画册题写名签，正在着急等待中，如通知我去取，不会耽搁，立即寄去。实际我心里比他还着急。

7月18日沈坚毅又来信催促：“根据编辑室领导的意见，《盛寿考画集》已列入本月发稿计划。请您务必在近日速将文章及委托张仃先生所题名签寄来。”

接到信的当日，我立即去张仃先生家。文章他已看过，画册题名也写好了，正在找时间约我去家中，还没定下来，我就自己找来了。（见图16-2）

张仃先生看过他的画之后，比较喜欢他的国画小品。他特别谈到，一个自学的农村中学美术老师能画到这样，已经很不容易了，不但表现技法方面有一定的修养，最可贵的是画中所追求的情趣，看得出作者是有灵气的，可能受到文人画的影响，朴素之中还有点书卷气，可惜人走得太早了。

我从张仃先生家出来，直奔邮电局，及时把题字和文章寄出了。我终于完成了配合出版的工作，心情似乎平静下来，耐心地等待画册的出版了。

8月20日沈坚毅来信告知：“张仃院长的题字与您的文稿早已收到。关于画册一事，因编辑部正在商定其规模，所以版式就拖了下来。寿考作品全部要用，只是时间要往后推一些。请您放心。”

接到这封让我放心的信，我却有点不放心了，这样一本小画册，八个月前已决定出版，一再催促我的文章和张仃先生题写的名签，如今却“正在商定其规模”，“时间要往后推一些”，我既不能催促，也不便多问，只有耐心等待了。

1983年1月30日沈坚毅来信写道：“关于《盛寿考画集》一事，现经过多次力争，终于得到领导的明确答复，已同意出，而且列入今年的计划，特此告知您，也告慰九泉之下的寿考同志。”

这是耐心等待五个月之后的信，其间毫无消息。看来中间出现了阻力和波折，是在力争之下才“明确答复，已同意出”。沈坚毅甚至写出“告慰九泉之下的寿考同志”，我很感动，也很过意不去，觉得勉强人家就没意思了。

8月22日沈坚毅来信写道：“《盛寿考画集》原来商定是二位作者合出一本，即一本集子夹入二位作者的画，后又在画集的开本、规格等问题上跟领导商量、争取，终于同意以盛寿考同志一人的画出集子。关于同意之事，我在上回给您的信中已告知。《盛寿考画集》已列入发稿计划，请您放心。现在开本已定，我想在版式的编排上能搞得别致些，突出盛寿考同志别具风采的画风。您的文章，我想不再修改变动了，不知您意如何？画集封面已请专搞设计的同志搞了，您如想补充、修改的话，可来信告之。”

信中又写道：“《盛寿考画集》至目前没有什么问题，因为画稿质量是明摆着的事，至于对具体作品的喜好与否，还得看大家的意见。我想好画总会有人识的。等版式编排好后，即请您审阅。”

接到这封信之后，我似乎意识到出这本画册不容易了，还没有出版，就遇到了重重的困难，后面还很难说结果会如何。沈坚毅作为一位刚刚毕业工作的年轻编辑，是没有决定权的，但他已尽心尽力了。他对画册的出版始终是乐观的，他还没有意识到，有些阻力是他无法克服的，实际的结果最后证明了这一事实。

写这段经过，我又翻开当年的信件，阅读张铭淑和沈坚毅的信，我很感动，我感谢他们对盛寿考作品的欣赏，对已故的默默无闻者的尊重，我感谢他们美好的愿望，他们始终怀着一颗善良的心，积极地在支持着我这位已故的朋友。

张铭淑老师没有灰心，始终抱着一线希望，她的意见是“画和文章不急于去要回来，因为社里并未通知退稿，先放一放，等一等，也许会有转机”。

听说，不久之后沈坚毅出国留学了。

画稿和文章在社里放了八年之久，也未再听见出版的消息，也没有通知我取回。我实在不放心盛寿考的这批画，于是在1990年4月14日去天津人民美术出版，把画和文章取回来。退还画时经清点，发现唯一装裱成卷轴的一幅荷花金鱼的画没有了。这是1965年盛寿考到北京来，住在我的宿舍里，临走的前一天晚上画的，他比较满意，我则更喜欢，于是就题款送给我。

他走后，我把这幅画送到学院的裱画室装裱成卷轴，挂在我的宿舍中。这也是盛寿考生前送给我的最后一幅画，也是在盛寿考的画中我最喜欢的国画作品之一。我很痛心，也很无奈，这种损失在感情上是无法补偿的，我什么话都没有说，认了，也忍了。于是带着这批画回北京，到家里之后，又把这怀着梦想，在天津等待了八年之久的画，整齐地放在书柜之中了。

我始终相信，在我有生之年，一定能把盛寿考的画结集出版，让更多的人看到他是如何从事艺术劳动的，知道曾经有过这样一位痴心中学美术教育的教师，他的努力不会成为永久的遗憾。

十七、留给亲人和朋友们的怀念

盛寿考在学校里有很好的人际关系，与大家相处都很平和友善，老师或学生向他要画，只要有时间有画纸，他总愿意为老师和学生画画。大家说他没有架子，是一个很爽快的人。

我在1982年夏天重访江北三十一中学时，金满盈老师、高颖老师和田景雁老师热情接待了我，知道我想编印盛寿考的画集，很热情地把保存的盛寿考送给他们的画借给我拍照。（见图17-1）

图17-1　以画为贺年卡（中国画）　34.2cm×46cm　1961年

盛寿考在二十八中时教的学生李时，高中毕业之后，一直和老师保持着联系，向他学习篆刻，既是师生又是朋友。盛寿考去世之后，他每年都去给盛老师上坟，还陪我母亲同去扫墓。记得是1963年夏天，李时带着盛寿考给我的画和信到中央工艺美术学院找我，我和他认识后，也成为朋友。他每次到北京出差，总要到家里来看我，有时便很自然地回忆起他的老师——我的同学盛寿考。

在盛寿考去世之后，他作为盛寿考的学生，为我提供撰写盛寿考文章的资料，讲述他

图17-2 苇塘记趣（中国画） 24cm×31.3cm 1960年

在学校里的情况，还把盛寿考给他的画和写给他的信借给我拍照。他曾多次热心地陪我去江北三十一中学寻访旧迹，每次心情都很沉重，也知道失去的不会复返了，但还是要去，看看盛寿考过去生活和工作的地方，也是他在画中不断描绘表现的地方，心情总是难以言表的。

李时还给我提供了盛寿考的生活照片和抄录的诗词，这些都是老师留给他的纪念，其中有一封信，是李时工作之后盛寿考写给他的，其中有七绝一首：

邀时弟过江

欣逢春光莫徘徊，增益须把书常开。

时弟得闲想作画，收拾行装过江来。

李时一直盼望盛老师的画册能早些时间出版，画和信都拍摄了照片一直保存在我这里，虽历经挫折，他仍有信心，认为“盛老师的作品迟早要介绍出去的”。不幸的是，他没有等到盛寿考的画册出版，便于2008

图17-3 雄鸡独立(中国画) 66.6cm×47cm 1965年

年因患癌症而离世。待本书出版后，再奉献于逝者的灵前，愿他能看到当年盛老师为他画的芦苇小鱼图也收在本书之中。（见图17-2）

盛寿考每次回故乡探亲，不仅收集素材画速写，还为乡亲画墙围子画、写对联，还要因为盛情难却而画几张应酬画，特别是对长者。这幅《雄鸡独立》就是他为本村的凤来叔画的。（见图17-3）

盛寿考与我相识后，和我家人相处十几年，不仅彼此都很熟悉，而且建立了深厚的感情。他很自然地融入这个家庭，成为家中不可缺少的一员。他在我们家如同他自己的家一样，尤其是他和我母亲，由于长时间相处和了解，互相帮助，相互理解，因此情同母子。

1960年，我弟弟杨永田考上北京大学

无线电电子学系，他为此特别高兴，弟弟也是哈尔滨三中的校友，学习成绩很优秀，他们也是多年好朋友，为此专门画了一张画作为纪念，更是鼓励。（见图17-4）

我们兄弟俩都离开家到北京读书，父母亲也都老了，家里有些比较重的活，每个月盛寿考总要找一个星期天，过江到我家中帮助解决。

盛寿考的身体虽然比较瘦弱，但没有疾病，还比较健康，而且干活讲究方法，很有技巧，诸如做煤饼、劈拌子（烧火用的木柴）、安装煤炉子、打扫烟筒、修理板障子（木板围建的院墙）、去买粮食背回来等家务活，他样样熟练，而且做得挺利索，受到我父母亲的好评。

说老实话，干家务活能得到我母亲表扬是不容易的，因为我母亲干活利索，要求比较严格。她是一位生活能力极强的劳动妇女，童年的时候就开始学绣花、做草编、做针线活，七八岁便能够帮家里挣钱，以贴补生活所需。二十几岁以后到哈尔滨市，为了生活，在橡胶厂做胶鞋，在被服厂做军装。家里的各种活计也是靠自己做，我们穿的衣服和鞋，都是我母亲做的。我和弟弟睡的木板床，也是母亲打制的。冬天烧暖墙，烟道被煤烟灰堵塞了，需要拆墙清理的瓦匠活，她也能很熟练地完成。虽然都是一些家务活，但她要求干净整齐、条理清楚、有始有终。

我母亲一辈子没有上过一天学，但认识的字起码可以超过初中生。她非常喜欢看小说，老的新的都看，记忆力极强，看过的书都能讲出来。我们给她写信，只要没有简化字，她可以毫不费力地读下来。还有她那一手针线活，也叫盛寿考特别佩服。

盛寿考帮我母亲干体力活，我母亲帮盛寿考做针线活，缝补拆洗都包下了。每年开春换季，脱下的棉衣棉裤都让他拿到我家，拆了清洗再做起来，就放在我家等天冷后再穿。母亲告诉我，盛寿考很细心，把拆洗过的棉衣递到他的手中，他马上就能感觉到变化，棉衣厚了、柔软了，棉花换了。他心里很不安地说：“家里的棉花票也不多，再这样我就不送衣服过来了！”我母亲则强调：“江

图17-4　远游(中国画)　64.8cm×25.7cm　1960年

图17-5　苇塘深处（中国画）　33cm×94cm　1960年

北农村风太硬，比市区冷，棉衣太薄了要冻透的。棉衣里的旧棉花换出来，重新弹一弹，还可以用来絮褥子，也挺好的。”

他为了回报我母亲，画了一张横幅卷轴画，上面画的是金鱼芦苇，我母亲很喜欢。等到天气暖和，家里不烧煤球炉之后，她拿出来，一直挂到秋天，这幅可能是盛寿考画的最大的一幅画了。（见图17-5）

我母亲很喜欢他，对他的评价是“知书达理，心眼好，有情谊，人勤快，能吃苦，孝顺”。我母亲经历艰难困苦的生活磨炼，有自己一套朴素的人生哲学，在我上小学的时候就教导我：“从小交朋友就应该知道，不孝父母、不敬师长的孩子不能和他交朋友。”她的道理很简单，这种人没人味，连父母都不能好生对待的人，会对朋友有真情实意吗？我长大以后在与同学和朋友的交往中，确实感到我母亲说得很有道理。盛寿考是我的好朋友，不仅孝顺自家的父母，对待同学和朋友的父母，也如同自己的父母一样，他认为只有这样才叫朋友。

他不仅帮我父母做一些老人做不了的活，而且在秋天庄稼成熟的日子里，他种的那几十棵玉米收获的时候，把收下的鲜玉米棒子装在粗布裤子扎成的“袋子”里，挎在肩上乘船过江去送给我父母，让两位老人“尝鲜”。他实际的用心是为了让老人添点粮食，别饿坏了身体。（见图17-6）

我母亲很过意不去，让他自己留着慢慢吃，每天加一点，年轻人别饿得落下毛病。他却替我父母着想，老人住在市区，一个人一个月干啃这28斤粮食，既没有肉，油又少得可怜，更缺少副食品，我父亲还要上班，很艰难的。他觉得送这几棒玉米太少了，解决不了问题，但总比没有强。

他说在江北的学校，那里是农村，春天可以捋榆树钱儿，平时有空还能挖点野菜，偶尔在小河沟里还能抓几条小鱼，总可以打点野食儿垫补一点，饿得还能轻些，比住在市区总要强。要知道他当时也是在饿肚子呢，自己不吃，省下来孝敬我的父母。盛寿考在困难时期也是这样为人处世的。

就是在这种环境下，他仍然没有停止作画。在困难时期，反而是他业务的丰收季节，也是他在艺术上进展最重要的时期。在这一阶段，他画了很多国画和水彩画，其中有一幅以鸽子为题材的国画，是他画中很出

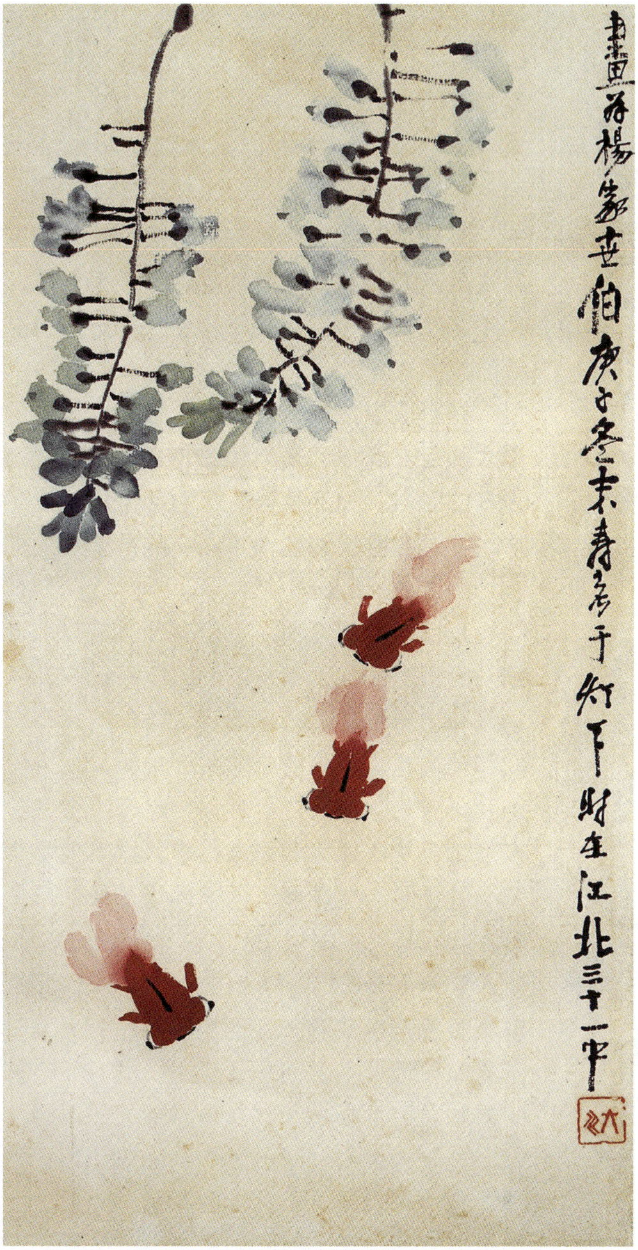

图17-6 青藤红鱼(中国画) 60.3cm×31cm 1960年

图17-7 鸽子红果(中国画) 60.5cm×30.3cm 1961年

色的作品，也是送给我母亲的。盛寿考去世之后，我母亲把她保存的所有盛寿考送给她的画都转送给我了。她说不想再挂这些画，看了之后，心里太难过。（见图17-7）

我父亲当时在蔬菜公司工作，每星期发给每个职工一小盆豆腐渣，这在当时实在是太难得了，跟玉米面

图17-8　红紫相映（中国画）　62.2cm×30.2cm　1960年

掺和在一起蒸窝头，感觉好吃极了，关键是能抵粮食，可以吃得饱一点，这在饥饿中是最重要的。

我母亲心里想着盛寿考，天气冷的时候，把发的豆腐渣放在门斗的搁板上冻起来，等他星期天到家里来的时候，给他蒸豆腐渣玉米面大窝头，管够吃饱。他很实在，也不客气，吃顿饱饭之后还要在家里再找点活干，方才心安。

在饥饿中把仅有的食物让给同样饥饿的亲人和朋友，自己毫无怨言地忍受饥饿；在困难的时候，相互关心、尽力帮助、相濡以沫，在这种经历和感情下结交的是真正的朋友，是诚挚的，是长远的。

我母亲很信任他，家里有什么打算和计划，心里有什么愁事解不开以及对远在北京的我和弟弟的挂念，都愿意说给他听，有问题和他商量。他一直都是耐心地听，从来没嫌我母亲唠叨。听过之后，会认真地帮我母亲仔细分析，宽慰我母亲。老人觉得他是个贴心的孩子，能理解人，情同母子般的感情日益加深。（见图17-8）

盛寿考不但自己这样对待老人，而且教育我怎样孝敬老人。他常说“顺者为孝”不是简单地顺从，而是让老人“顺心”。首先是物质上的尽力，其次是感情上的温暖。一个诚挚的笑脸，一句关切的话语，都很重要。在很多时候，精神上的关怀比物质上的提供还重要，要争取时间多回来陪陪老人。人老了，儿女都大了，都离开了，内心会感到孤独和寂寞的，需要感情的抚慰。和老人相处时，一定要耐心地、真心实意地听老人说话，千万不能应付，更不能不耐烦，这会让老人伤心，让老人失望，这就是不孝顺。

盛寿考还和我谈到，孝顺老人不是用花言巧语哄老人，而是用真心实意去温暖老人。老人想不开的事，要帮他化解，即使是老人想得不对的地方，也不能顶嘴，要委婉地“顺”过来，但又不能让他认错，老人自尊心很强，心里明白就行了。和老人交谈千万别搞什么“坚持真理，修正错误”，要顺其自然，推心置腹。把这“顺”字弄明白，具体运用好并不容易。

图17-9　我在盛寿考的墓前　1969年

盛寿考虽然去世多年，但他的这种思想却一直在影响着我。母亲在85岁以后，我争取每年回去一趟，在家里用更多的时间陪伴老人，在她的床边听她讲那些讲过许多遍的人和事。90岁之后，母亲讲了许多她从来没有讲过的艰难经历。她讲到在过去困苦生活中帮助过我们的人，谁家给过一件旧衣服，修补之后给我穿了很久；在揭不开锅的时候，谁家送来一盆玉米面，要记住人家。她说：“人要懂得报恩，不然就和畜类一样了。”

我母亲不止一次说过，盛寿考和自家生的孩子一样贴心。那时候院子里的邻居都说：“你走了两个儿子去北京念书，又来了一个儿子帮助照顾你，真有福气。”听了这话，母亲的心里充满了喜悦和骄傲。

但是，天有不测之风云。1966年的夏天，当三十一中学派人送来盛寿考溺水身亡的消息，我母亲就病倒了。我赶回哈尔滨的时候，她已经卧床不起。盛寿考突然去世这个打击，对她来说太意外、太沉重了，很难使她从痛苦中解脱出来。

一个多月后，母亲开始能够从床上起来活动了。她站在窗前，望着后院里那棵盛寿考栽的沙果树，已结实累累，没有人去采摘，任凭掉落。她变得沉默寡言，偶尔会感慨地说出一句：“这么好的孩子，怎么说死就死了！”

第二年清明节，她让李时和我妹妹陪着她，带着烧纸和两扎黄香，还有铁锹和一些点心，去给盛寿考上坟添土，摆放供品。我知道母亲从来不信神，我也从未见过她燃香烧纸。艰难困苦的生活使她明白了一个道理，只有靠两只手去劳动才不会饿死，才可以把孩子们养大。但是，这一次却破例了，她为盛寿考燃起怀念

图17-10 盛寿考在中国历史博物馆门前 1965年

的香火，来表达这无法安慰的悲哀。

1969年夏天我回哈尔滨，这是盛寿考去世后我第二次回去。母亲买回纸和香，让我去坟地看看寿考，给他坟上添土，然后烧纸、燃香。她说：“这也就是一种纪念形式吧，不是迷信。”这是我一生中第一次给朋友和亲人上坟，是李时陪我一起去的。他给我拍下了照片作纪念，离开时在周围野地里摘了一把野花，放在盛寿考的坟前。人已经永远地躺在黑土之下了，这一切只能是一种感情的自我表达了。（见图17-9）

连续几年清明节的时候，风雨无阻，我母亲总要去盛寿考的坟上“看望”，怕他一个人在那里寂寞冷清。（见图17-10）

可是她最后一次去坟地，却出现了意想不到的情况。大概是在1972年，李时陪我母亲去上坟，因为每年都来，对盛寿考坟的位置还是记得很准确的，但是这次情况却变了。坟地已搬迁半年了，报纸上发过通知，但家里人都不知道，李时也不知道，可能按无主坟处理了。

后来李时来北京出差，到我家里谈起迁坟这件事，觉得很对不起盛寿考老师，也对不起我母亲。他给我描述了最后一次去上坟的情景。

原来起伏的坟地变得坑坑洼洼，坟上的木牌也没有了。向住在附近拾荒的老人打听，他说在前几个月，天气刚刚冷的时候，趁地面还没结冻，这地方的管事的带人来，把没主的坟的遗骨挖出来，一个坑里的装在一个口袋里，都运走了，也不知运到哪里去埋了。

我母亲呆呆地望着这空旷而杂乱的荒野，变得麻木了，许久才流下了伤心的泪水，喃喃地说：“寿考你上哪里去了，你在哪里啊？以后我到哪里去找你啊？”

李时送我母亲回家的路上，她一直在流泪，说不出话来，完全沉浸在悲痛之中。

十八、活在母亲的心中

在盛寿考去世之前，我没有见过他家里的人，因为他们在1954年都回山东老家了。他的父亲在生产队种地，两个弟弟都参军在部队，四个妹妹有的在生产队养鸡场劳动，还有的在读初中和小学。

盛寿考去世后，学校通知了他们家，也通知了我们家，我是接到家里来信，立即赶回的。当时“文革”已经开始，最早是空军宣队进驻中央工艺美术学院，学院的运动实际还没开始，只是每天从早到晚学“毛选”。我找军宣队的老朱请假，他说不是直系亲属，不能准假。当我仔细地讲了盛寿考的情况和我的关系，老朱很重感情，准了三天假。那时的火车单程要二十四小时才能到达，往返路上用去两天两夜，我在哈尔滨只能停留一天。

在这一天里，我第一次见到盛寿考的父亲，一个朴实淳厚的老农民，在从山东莱州赶往哈尔滨的途中病倒过一次，面容憔悴，沉默寡言，只有无声的饮泣。

我也是第一次见到他的大弟弟，一个海军军官，身体健壮，面色黝黑，性格憨厚，言谈举止中透露出军人的训练有素。记得当时他曾在我家中住过。

这一次回哈尔滨，是我最后告别盛寿考的仓促旅程，认识了他的父亲和弟弟。他们是来给盛寿考办理后事的，给我留下的印象是盛寿考他们家的人都是这么朴实和忠厚。我母亲也是这么认为的。

我不知用什么话来安慰这位在悲痛中的老父亲，我只能劝他一定要保重身体，“明年我会去家中看望您和大婶”。

盛寿考去世一周年时正是1967年，“文革”已进入“天下大乱”的状态，学校早已停课，没人管了，根本不用请假，于是我就借此机会去山东莱州，到盛寿考家看望老人。

我虽然祖籍是山东莱州，但出生在哈尔滨市，还从来没有回过老家，因为爷爷和奶奶早已去世了，老家没有亲人。这次到山东莱州后，住在盛寿考家，这是我第一次到他家来，也是我第一次回我自己的故乡，有一种无法言表的心情。

十几天的时间是在痛苦的回忆和老人对我的关切中度过的。虽然日子很短，却使我认识了这个家庭，也开始融入这个家庭。盛寿考的母亲对待我，像对待自己的儿子一样。我真的感觉这就是我的老家，以后我要替盛寿考回来看望老人。

1979年冬天，我又一次去山东莱州，从北京乘火车到潍坊后，正值大雪，去莱州的长途汽车停运了，我在一家小旅店住下来，屋里的煤炉早已熄火，没有人管，只能裹着被子等了两天。幸好有部队的车经过，挂有防滑设备，搭车到了莱州城，在大车店的土炕上又冻了一夜，第二天早上租了一辆自行车，向西由东南村骑去。

那时的公路没有现在这么好，路面不平坦，又有积雪，骑自行车是比较费力的。毕竟那时的年龄还不算大，刚过四十岁，总算坚持骑到西由东南村盛寿考的家里。骑车到他家门口之后，两条腿都抽筋了，下不了自行车，还是摔倒后才下得车来。盛寿考的二弟把我扶进家，让我趴在热炕上，给我按摩放松两条腿的肌肉，半个多小时后才能起来下炕活动。

盛寿考的母亲为我烧了一大碗水煮鸡蛋，放了很多糖，让我趁热喝下去暖暖身子。说实在的，在路上全身已经冻僵，肚子也空了，现在总算回到家，心里踏实多了，喝下水煮鸡蛋，十分香甜，感到无比的温暖和踏实。这次到他家里来，认识了盛寿考的二弟盛寿鹏，他已从部队退伍，在村里当“赤脚医生”。在他给我做按摩的时候，我还在想，他的手法如此熟练而有力，必是受过专业训练，当时难受得顾不上问，只是从心中闪过而已，经过交谈确是如此。

刚过正月十五，农村还处在农闲，我在他家住了一个星期，他出嫁的妹妹也回娘家来了，一家人其乐融融。我尽量不提起盛寿考，怕引得老人难过。他的母亲所关心的是我父母的情况，我爱人和孩子的情况，一种真情实意的关切，还有细致入微的教导和嘱咐。我都认真地听取，详尽地回答，老人很高兴地说：“你和俺寿考一个样，能好好听我说话，不嫌俺絮叨，你们两人的性格还真有点像。”受到母亲的表扬我自然高兴，但我不能不说老实话：“这还是寿考教我的。”老人听了之后笑容慢慢收起，转而归于平静地说：“俺寿考就是从小懂事理。”

在两个老人住的那间屋子的墙上，挂着一个镜框，里面装贴着许多过去的照片，在左下角最显著的位置上，装贴着我和两个弟弟的结婚照。老人用我和妻子的照片，填补了寿考应处的位置，使我很快联想到，我在这个家和老人心中的位置。我不能辜负他们，还是要争取多回来看望老人。

1981年的夏天，为了完成中央工艺美术学院给荣毅仁先生设计的陶瓷礼品包装，我去莱州沙河草编厂出差。因为同时还有安排学生毕业设计的事情，我和陈若菊老师一路同行。在这之前她看过盛寿考的画，也听我多次讲过盛寿考，所以在办完事情之后，她和我一起顺便乘汽车从沙河到西由，很快便到盛寿考家里了。

盛寿考的父母热情地接待了我们，我向他们介绍陈若菊老师是当年教过我的老师，是一位有特殊贡献的艺术设计家，她是人民币图案的设计者，而且还是我们陶瓷系的主任。她是我的老师和同事，因为知道盛寿考为人好，画也画得好，所以一起来看望二位老人。我们的到来使二位老人很为难，他们觉得家里房子破，睡土炕，拿包米面稀饭、馒头、大葱和在灶底烤小咸鱼招待客人，实在说不过去，心里很不安。

图18-1 大鱼和小鱼(中国画) 19.3cm×29.2cm 1959年

我说："我每次来不就是吃这个吗？"他们说："你是家里人，但陈老师是客人，是有大学问的人，真过意不去。"我告诉他们，陈老师在农村生活过，知道农民的生活情况，她很朴实，也很实在，不然她不会来，我也不会带她来，千万别客气，更不要过意不去。

两位老人和几个妹妹给陈老师留下很好的印象，她说这是一个朴实、善良、本分的人家，盛寿考的为人和品质的形成与家庭影响分不开。盛寿考从小接受的是传统道德教育，再加上他在成长中注意自我修养的提升，所以才会成为一位称职的教师。

最近，我在写这篇文章时，把初稿交给陈老师看，她读过后，归还时附了几句话，她写道："真羡慕你在小小年纪时就有这样推心置腹的好朋友，从少年到青年，在不同的学习、工作环境里，无私地互相帮助，真诚地给予，共同成长，相互解忧，快乐共享。盛寿考用他平凡的一生告诉我们：应该如何做人和做事，什么是真正的友谊，什么是人生，尽管很短暂。"

我最后一次去盛寿考家是2001年10月28日，在济南市参加一个陶艺展览会的开幕式之后，驱车赶到莱州西由东南村。盛家老屋已经无人居住了。盛寿考的父亲在1993年去世后，母亲卧病不能下炕，住在女儿家，就在不远的龙泉村。我见老人时，她正围着被子坐在炕上，疾病已经把她折磨得非常瘦弱，不能行动，直直地瞪着两眼发呆，已经见不到往日精干的身影。

我站在炕边叫大婶，她神志恍惚地看着我，问我："你是谁啊？我怎么不认得你！"我说："大婶，我是永善啊！寿考的老同学，你不记得我了吗？每次我到家里来，你都给我做好吃的。"老人想了许久才说："俺不认得你，俺寿考在哈尔滨三十一中教书，好几年没回来了，你要是认得他，就跟他说，我想他，有空就回来让我看看他。"说完之后，老人闭上眼睛，再也不说话了。（见图18-1）

算起来到那一年，盛寿考已经去世三十五年了。这情景使我很自然地想到，三十五年来，寿考还一直活在母亲的心里。如今老人病得已经失去记忆，她始终无法面对寿考去世的事实。（见图18-2）

图18-2　雨中江北一叶小舟（中国画）　23.5cm×19cm　1959年

我站在这位被疾病折磨得失去记忆的老人面前，想起每次我到家里来，她把我当儿子般对待的情景，一切历历在目。

我冬天到家里来，让我睡热炕头，给我加被子，怕我冻着。

我夏天到家里来，给我准备蒲扇、点蚊香，怕我热、怕我被蚊子咬。

知道我爱吃灶底烤小咸鱼和蒸虾酱，把晒干的小咸鱼挂在屋檐下，给我留着。蒸虾酱时放鸡蛋，多放葱，知道我最喜欢这样吃。

这些好像都是昨天的事，如今老人被疾病折磨得什么都不记得了，实在令人感到凄凉和酸楚。

在老人面前，我实在抑制不住自己的感情，郁积多年的泪水终于决堤了。我失声痛哭后，赶紧从屋子里退出来，这是我几十年来第一次这样哭，坐在院子的小板凳上，哭过之后，许久缓不过神来。

我等心情稍微平静之后，又回到屋子里，最后向老人告别时，她没有什么反应，低着头，自言自语地在说："俺儿寿考，还在江北三十一中教书。"

跋

写完这篇回忆的文字，说不出是轻松还是沉重。

盛寿考逝去四十多年了，我总算把这件梦想已久的事情完成了，但却没有如释重负的感觉，说心里话，这不是负担，而是责任。

如果说有一点轻松，那是终于把他的作品付梓成册了。

如果说沉重，依然是对往日的怀念，珍贵的记忆只能是记忆了，岁月就是这样无情，让人黯然神伤。

但愿本书能引发人们的思考，在平凡的人和事之中，找到一点值得汲取的东西，这是我梦寐以求出本书的初衷。

感谢汪晓曙先生给我的支持和帮助，感谢他对盛寿考的肯定和尊重。没有他的支持，结集出版很难实现，我是永远不会忘记的。

感谢滕纯老师，他是我和盛寿考中学时的老师，他给予我精神上的支持和鼓励，并为本书撰写序言，他是我们永远尊敬的老师。

感谢在我撰写过程中，给予指导和鼓励的陈若菊老师，她比较多地了解我和盛寿考的友谊，去过盛寿考的家，见过他父母的人。

感谢张帆老师对文稿提出的建设性意见，并认真地给以修改。

感谢牟柏林、章瑞安、卢新华、杭间、马世良、刘冬辉、林荣桓、赵军诸先生，对本书撰写出版的关心、支持和帮助。

感谢刘云丽女士帮助拍摄盛寿考的部分作品照片，不辞劳苦，多次往返。

感谢金满盈老师和高颖老师，在盛寿考困难的时候，都曾以善良的心相待；在他故去后，为我撰写本书提供材料，这是不能忘却的。

最后我再说一句:

如果有在天之灵的话，相信盛寿考现今正在另一个世界的中学课堂，给学生上美术课。

楊永善

二〇一一年九月二十九日于北京